초단기 문법 포인트 정리로
JLPT N3까지 **누구보다 빠르게!**

스피드 UP!

한 달만에 끝내는
일본어
속성문법

권현정·시원스쿨일본어연구소 지음

S 시원스쿨닷컴

스피드 UP! 한 달만에 끝내는
일본어
속성문법

개정 1쇄 발행 2023년 2월 10일

지은이 권현정, 시원스쿨일본어연구소
펴낸곳 (주)에스제이더블유인터내셔널
펴낸이 양홍걸 이시원

홈페이지 www.siwonschool.com
주소 서울시 영등포구 국회대로74길 12 시원스쿨
교재 구입 문의 02)2014-8151
고객센터 02)6409-0878

ISBN 979-11-6150-691-3
Number 1-311111-17171700-02

　강의를 하면서 학생들에게 가장 많이 듣던 말은 "일본어는 처음 공부할 때는 쉽지만, 갈수록 어려워져요"라는 것이었습니다. 한국어와 어순이 같아 쉽게 접근하지만 점점 어려워지는 문법과 복잡한 어휘, 한자 때문에 중도 포기하고 싶어지는 학생들의 고민이 담긴 말이라고 생각합니다. 학생들의 고민을 해결하기 위한 방법을 고민한 끝에 결국은 '효율적인 교재'가 답이라는 결론에 이르게 되었습니다. 그리고 '쉽고 간결하고 꼼꼼하게! 그러나 속성으로!' 일본어 학습이 가능한 교재라면 학생들의 고민을 타개할 수 있을 것이라고 생각했습니다.

　이 책은 앞서 강조한 '쉽고 간결하고 꼼꼼하게! 그러나 속성으로!'라는 목표를 지향하고 있습니다. 풍부한 어휘와 이를 활용한 문법정리 및 작문연습을 통해 학습자가 빠르고 알기 쉽게, 반복적으로 일본어를 숙지할 수 있도록 하였습니다. 때문에 일본어를 처음 공부하는 학습자뿐만 아니라 어느 정도 단계에 이르기만 하면 포기해 버리는 학습자부터, 시험 문법을 공부하기에 앞서 기초 문법을 빠르게 정리하고 싶은 학습자까지 아우를 수 있는 교재입니다.

　제일 앞 부분에서는 '오늘의 포인트'로 각 과의 문법 포인트를 한국어로 제시하였고, 두 번째 '외워 봅시다!' 코너에서는 오늘 배울 문장 속의 어휘를 사전에 학습할 수 있도록 하여 어휘 공부에도 소홀함이 없도록 하였습니다. 세 번째 '배워 봅시다!' 코너에서는 알기 쉬운 설명과 풍부한 예문으로 문법 공부에 집중할 수 있도록 하였습니다. 예문은 문법의 올바른 이해를 도와줄 수 있는 쉬운 예문과 실생활에서 자주 쓰이는 실용적인 예문으로 구성하였습니다. 네 번째 '연습해 봅시다!' 코너에서는 지금까지 공부했던 내용을 충분하게 연습할 수 있도록 예시문제를 제시하였습니다. 마지막으로 '확인해 봅시다!' 코너에서는 앞에서 보았던 오늘의 포인트 내용을 직접 작문해 보면서 다시 한 번 복습할 수 있도록 구성했습니다. 이 문장을 입으로 소리 내어 읽고 연습한다면 자연스럽게 회화에도 도움이 될 것입니다.

　쉽고 간결하고 꼼꼼하게, 그러나 속성으로 학습할 수 있는 '스피드 업! 일본어 속성 문법'! 제가 항상 강의에서 드리는 말씀인 「急がずに！だが、休まずに！ (서두르지 말고! 꾸준하게!)」 공부한다면 기초 문법의 체계가 잡혀 심화 단계의 일본어를 학습하는 데 도움이 될 수 있고, 시험 문법을 준비하는 데에도 디딤돌이 될 것이라고 확신합니다.

　아무쪼록 이 책이 여러분의 일본어 학습에 큰 효과를 거두시기를 바라며, 끝으로 이 책의 출간에 많은 도움을 주신 시원스쿨 관계자 여러분께 진심으로 감사드립니다.

저자 권현정

본과 ·····

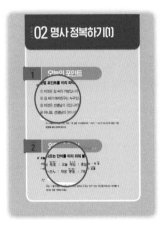

STEP 1 오늘의 포인트

오늘 배울 문법의 핵심 포인트와 '주목! 오늘의 핵심'으로 학습 목표를 제시했습니다.

STEP 2 외워 봅시다!

오늘 배울 예문이나 문제에서 등장하는 단어를 보여 주고, 추가 설명이나 파생 단어를 '반짝! 반짝! 보물 같은 키워드'로 짧게 정리했습니다. 미리 외워 두면 본 학습이 쉬워지므로 암기해 둡시다.

STEP 3 배워 봅시다!

꼭 알아 두어야 하는 필수 문법에 대해 자세하게 설명하였고, 정확한 일본어 발음을 익힐 수 있도록 원어민이 예문을 읽어주었습니다. 설명과 함께 예문을 천천히 따라 읽으며 신출 어휘를 정리해 봅시다.

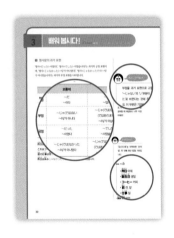

특별히 중요하게 짚고 가야 할 내용은 '주의! 알아두기'를 통해 정리하였고, '잠깐! 깨알 정보'로 일본에 관한 재미있는 이야기를 풀었습니다.

STEP 4 연습해 봅시다!

오늘 배운 문법을 이용하여 짤막한 문장으로 작문하거나 동사 활용을 연습해 보도록 구성했습니다.

STEP 5 확인해 봅시다!

오늘 배운 문법을 최종 점검하기 위해 긴 문장을 직접 작문해 봅니다. 정답을 확인하는 것으로 학습을 마무리 짓습니다.

총정리 ‥‥
확인
학습과

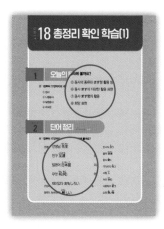

STEP 1 오늘의 목표

지난 강에서 배웠던 학습 내용을 한눈에 정리합니다. 총정리할 내용을 미리 확인해 볼 수 있습니다.

STEP 2 단어 정리

지난 강에서 등장했던 단어들 중 중요한 단어만 추려 수록했습니다. 잊어버리지 않았는지 다시 한 번 확인한 후 정확히 외워 둡시다.

STEP 3 문형 정리

지난 강에서 배웠던 문법 사항과 문형을 전체적으로 복습할 수 있도록 모두 모아 정리했습니다. 차근차근 되짚어 봅시다.

STEP 4 최종 연습

한국어 문장을 일본어로 작문해 보고, 일본어 문장을 한국어로 해석해 보면서 최종적으로 실력을 점검할 수 있도록 구성했습니다.

목차

■ 1개월 스피드 플랜

	월	화	수	목	금	토	일
1주차	UNIT 01 (p.13~16)	UNIT 02 UNIT 03 (p.17~28)	UNIT 04 UNIT 05 (p.29~40)	UNIT 06 UNIT 07 (p.41~52)	UNIT 08 UNIT 09 (p.53~64)	UNIT 10 UNIT 11 UNIT 12 (p.65~82)	UNIT 13 (p.83~88)
2주차	UNIT 14 (p.89~94)	UNIT 15 UNIT 16 (p.95~106)	UNIT 17 (p.107~112)	UNIT 18 (p.113~118)	UNIT 19 (p.119~126)	UNIT 20 (p.127~132)	UNIT 21 (p.133~138)
3주차	UNIT 22 (p.139~144)	UNIT 23 (p.145~150)	UNIT 24 (p.151~156)	UNIT 25 (p.157~164)	UNIT 26 UNIT 27 (p.165~176)	UNIT 28 (p.177~182)	UNIT 29 (p.183~188)
4주차	UNIT 30 (p.189~194)	UNIT 31 (p.195~200)	UNIT 32 (p.201~206)	UNIT 33 (p.207~214)	UNIT 34 UNIT 35 UNIT 36 (p.215~234)	UNIT 37 UNIT 38 (p.235~246)	UNIT 39 (p.247~252)
5주차	UNIT 40 UNIT 41 UNIT 42 (p.253~270)	UNIT 43 UNIT 44 (p.271~284)					

■ 2개월 탄탄 플랜

	월	화	수	목	금	토	일
1주차	Warm up!	UNIT 01 (p.13~16)	UNIT 02 (p.17~22)	UNIT 03 (p.23~28)	UNIT 04 (p.29~34)	복습 및 휴식	
2주차	UNIT 05 (p.35~40)	UNIT 06 (p.41~46)	UNIT 07 (p.47~52)	UNIT 08 (p.53~58)	UNIT 09 (p.59~64)	복습 및 휴식	
3주차	UNIT 10 (p.65~70)	UNIT 11 (p.71~76)	UNIT 12 (p.77~82)	UNIT 13 (p.83~88)	UNIT 14 (p.89~94)	복습 및 휴식	
4주차	UNIT 15 (p.95~100)	UNIT 16 (p.101~106)	UNIT 17 (p.107~112)	UNIT 18 (p.113~118)	UNIT 19 (p.119~126)	복습 및 휴식	
5주차	UNIT 20 (p.127~132)	UNIT 21 (p.133~138)	UNIT 22 (p.139~144)	UNIT 23 (p.145~150)	UNIT 24 (p.151~156)	복습 및 휴식	
6주차	UNIT 25 (p.157~164)	UNIT 26 (p.165~170)	UNIT 27 (p.171~176)	UNIT 28 (p.177~182)	UNIT 29 (p.183~188)	복습 및 휴식	
7주차	UNIT 30 (p.189~194)	UNIT 31 (p.195~200)	UNIT 32 (p.201~206)	UNIT 33 (p.207~214)	UNIT 34 (p.215~220)	복습 및 휴식	
8주차	UNIT 35 (p.221~226)	UNIT 36 (p.227~234)	UNIT 37 (p.235~240)	UNIT 38 (p.241~246)	UNIT 39 (p.247~252)	복습 및 휴식	
9주차	UNIT 40 (p.253~258)	UNIT 41 (p.259~264)	UNIT 42 (p.265~270)	UNIT 43 (p.271~278)	UNIT 44 (p.279~284)	복습 및 휴식	

강좌소개

- 시원스쿨 일본어 대표 강좌

LEVEL 1	LEVEL 2	LEVEL 3
NEW 일본어 왕초보 탈출 1, 2, 3		기초 말하기 실전 말하기
발음훈련	왕초보 트레이닝	네이티브 문장 읽기 훈련
NEW 초급회화	여행 일본어	NEW 중급회화
	마루고토 일본어 초급	마루고토 일본어 중급
NEW 왕초보 문법	NEW 중급 문법	속성문법
1일 10분 생활 쏙 일본어 초급 독해 1탄		
	독학 첫걸음	자주 틀리는 일본어 1, 2 이야기 일본어 1, 2
	한글 한자	일본어 필수 어휘 1, 2, 3, 4
	드라마 속 일본어 표현	
	기초 일본어 청취	스토리 일본어 청취
		시험 적중문법 1

스피드 업! 일본어 속성 문법의 강의입니다.

시원스쿨 일본어 홈페이지에서 (japan.siwonschool.com) 다양한 일본어 강좌를 만나보세요.

JLPT N4, N5 개념완성
JLPT N5 문자/어휘, 문법
JLPT N5 독해, 청해
JLPT N54 문자/어휘, 문법
JLPT N4 독해, 청해

LEVEL 4	LEVEL 5	LEVEL 6	

| 10분
생활 일본어 1, 2 | 중고급
트레이닝 | 면접
일본어 | 일본어
프리토킹 |
| NEW 고급회화 | 비즈니스 회화 1, 2, 3 | | |

고급문법	심화문법		
일본어 독해	일본어 작문 1, 2	일본 상식	뉴스 일본어
테마 일본어	관용구 표현	뉘앙스 일본어 1, 2	관용구 (신체편)
	의성어/의태어	여행 단어편	테마로 배우는 한자 1, 2

테마별로 배우는 중고급 일본어 청취

시험 적중문법 2

JPT 550+ 독해 JPT 550+ 청해	JPT 650+ 독해 JPT 650+ 청해	JPT 750+ 독해 JPT 750+ 청해

4시간 만에 끝내는 JPT

JLPT N3 한 달 속성 트레이닝 JLPT N3 문자/어휘 JLPT N3 문법 JLPT N3 독해 JLPT N3 청해	JLPT N2 한 달 속성 트레이닝 JLPT N2 문자/어휘 JLPT N2 문법 JLPT N2 독해 JLPT N2 청해	JLPT N1 한 달 속성 트레이닝 JLPT N1 문자/어휘 JLPT N1 문법 JLPT N1 독해 JLPT N1 청해

* 체크가 되어 있는 강의는 오픈 예정 강좌입니다.

이 책의 사용법

본 학습에 들어가기 전에 문법 포인트를 먼저 스캔!

문법 포인트와 핵심 목표 미리 파악하기

⬇

오늘 나오는 단어를 미리 암기!

원어민 발음을 따라 단어를 차근차근 읽어 보기
'반짝 반짝! 보물 같은 키워드'를 통해 재미있게 외워 보기

⬇

포인트만 콕콕 집어 문법 설명을 이해!

문법의 접속 형태에 주의하며 예문 읽어 보기
'주의! 알아두기'와 '잠깐! 깨알 정보'를 통해 주의 사항과 추가 팁 얻어가기

⬇

동사 활용 연습과 일본어 작문을 통해 완벽히 습득!

오늘 배운 내용 최종 점검하기
정답은 권말의 부록에서 확인하기

⬇

총정리 확인 학습으로 복습!

나의 실력을 다시 한 번 확인해 보기
잊어버린 부분은 체크하고 다시 본과로 돌아가기

권현정 선생님의 시원스쿨 '일본어 속성 문법' 강좌를 통해
더욱 더 쉽고 효율적으로 학습할 수 있습니다.
(japan.siwonschool.com)

UNIT 01 가타카나 극복하기

STEP 1 오늘의 포인트

☑ **가타카나는 언제 쓰는지 미리 파악해 볼까요?**

① 외국어나 외래어를 표기할 때

② 의성어나 의태어를 표기할 때

③ 말을 강조하고 싶을 때

④ 동식물이나 인명, 지명 등의 고유명사를 표기할 때

 주목! 오늘의 핵심

일본어를 배우기 시작하고서 히라가나를 겨우 외우고 나니 그 다음 복병이 기다리고 있지요. 바로 일본어의 문자 세 가지 중 하나인 가타카나입니다. 본 내용에 들어가기 전에 가타카나를 완벽하게 암기해 봅시다.

STEP 2 외워 봅시다! 🎧 TRACK 01-01

☑ **오늘 나오는 단어를 미리 외워 볼까요?**

コーヒーショップ 커피숍(coffee shop) ㅣ アルバイト 아르바이트(arbeit)
カラオケ 노래방(空^{から}+orchestra) ㅣ ビール 맥주(beer) ㅣ タクシー 택시(taxi)
ラーメン 라면(ramen) ㅣ トイレ 화장실(toilet)

 반짝 반짝! 보물 같은 키워드

カラオケ의 カラ(空)는 '비다'라는 뜻으로 '빈 오케스트라', 즉 노래는 비어 있고 반주만 들어있는 음반이나 장치를 말하는 합성어입니다.

배워 봅시다!

1 오십음도

아시다시피 일본어 문자의 음은 10개의 행과 5개의 단으로 이루어져 있습니다. 즉 총 50개의 음이 존재하는데, 현대 일본어에서는 46자만 사용하고 있습니다.

(1) 행과 단

앞으로 우리가 동사 활용을 할 때 '~단'이라고 하는 말을 많이 접하게 될 텐데요. 오늘은 오십음도를 외우기 위한 작은 힌트를 드리겠습니다. 행의 순서를 먼저 외워 봅시다.

아가	사탕 (사 와)	나하고	마야랑 (먹게)	와.	응!

	あ행	か행	さ행	た행	な행	は행	ま행	や행	ら행	わ행	ん
あ단	あ [a]	か [ka]	さ [sa]	た [ta]	な [na]	は [ha]	ま [ma]	や [ya]	ら [ra]	わ [wa]	ん [N]
い단	い [i]	き [ki]	し [shi]	ち [chi]	に [ni]	ひ [hi]	み [mi]		り [ri]		
う단	う [u]	く [ku]	す [su]	つ [tsu]	ぬ [nu]	ふ [hu]	む [mu]	ゆ [yu]	る [ru]		
え단	え [e]	け [ke]	せ [se]	て [te]	ね [ne]	へ [he]	め [me]		れ [re]		
お단	お [o]	こ [ko]	そ [so]	と [to]	の [no]	ほ [ho]	も [mo]	よ [yo]	ろ [ro]	を [wo]	

(2) 가타카나

'아가, 사탕 사 와. 나하고 마야랑 먹게, 와.' '응!'과 같은 순서에 맞추어 가타카나도 오십음도를 외워 볼까요?

	ア행	カ행	サ행	タ행	ナ행	ハ행	マ행	ヤ행	ラ행	ワ행	ン
ア단	ア	カ	サ	タ	ナ	ハ	マ	ヤ	ラ	ワ	*ン
イ단	イ	キ	*シ	チ	ニ	ヒ	ミ		リ		
ウ단	ウ	ク	ス	*ツ	ヌ	フ	ム	ユ	ル		
エ단	エ	ケ	セ	テ	ネ	ヘ	メ		レ		
オ단	オ	コ	*ソ	ト	ノ	ホ	モ	ヨ	ロ	ヲ	

*는 비슷하게 생긴 문자들이기 때문에 헷갈리지 않도록 주의가 필요해요.

② 가타카나의 장음

일본어는 '장음'이라고 해서 あ단 뒤에 'あ', い단 뒤에 'い', う단 뒤에 'う', え단 뒤에 'い'나 'え', お단 뒤에 'う'나 'お'가 오면 앞 글자를 길게 끌어 발음한다는 것, 기억나시나요? 가타카나는 뒷 글자 'ア', 'イ', 'ウ', 'エ', 'オ' 대신 'ー'로 표기합니다. 발음은 마찬가지로 앞 글자를 길게 끌어 말하면 됩니다.

コーヒー 커피(coffee)
ボール 볼(ball)
ノート 노트(note)

③ 가타카나의 요음

가타카나는 주로 외국어나 외래어를 표기하기 때문에 히라가나보다 사용하는 요음의 종류가 더 많습니다. 'ャ', 'ュ', 'ョ'뿐만 아니라 'ァ', 'ィ', 'ゥ', 'ェ', 'ォ'도 사용하므로 발음에 유의합시다.

キャンディー 캔디(candy)
ジュース 주스(juice)
ショッピング 쇼핑(shopping)
ファミリー 패밀리(family)
カフェ 카페(café)
ウォン 원(won)

확인해 봅시다!

☑ 다음 가타카나 단어를 발음해 보고 뜻을 유추하여 써 보세요.

(1) コーヒーショップ

_____

(2) アルバイト

_____

(3) カラオケ

_____

(4) ビール

_____

(5) タクシー

_____

(6) ラーメン

_____

(7) トイレ

_____

정답은 286쪽에서
확인하세요!

UNIT 02 명사 정복하기(1)

1 오늘의 포인트

☑ **문법 포인트를 미리 파악해 볼까요?**

① 이것은 김 씨의 가방입니까?

② 김 씨의 여자친구는 누구입니까?

③ 이것은 선생님의 것입니까?

④ 아니요, 선생님의 것이 아닙니다.

 주목! 오늘의 핵심

자, 이제부터 '이것, 그것, 저것…'과 같은 지시대명사와 '～이다', '～이/가 아니다'와 같은 기본 문형에 대해 공부해 봅시다.

STEP
2 외워 봅시다! TRACK 02-01

☑ **오늘 나오는 단어를 미리 외워 볼까요?**

선생님 先生^{せんせい} | 오늘 今日^{きょう} | 휴일, 휴가, 방학 休^{やす}み | 책 本^{ほん}
～씨 ～さん | 학생 学生^{がくせい} | 가방 かばん | 친구 友達^{ともだち}

 반짝 반짝! 보물 같은 키워드

達^{たち}는 '～들'이라는 복수의 뜻을 가지고 있어서 友達^{ともだち}는 '친구' 또는 '친구들'이라고도 해석할 수 있다는 것을 기억해 두세요.

배워 봅시다! 🎧 TRACK 02-02　　　 G R A M M A R

1 명사

명사란 사람 또는 사물의 이름을 가리키는 말입니다.

2 대명사

대명사란 명사 대신 쓰는 말입니다. 즉, 어떤 대상을 나타낼 때 직접 명사를 쓰지 않고 대신해서 사용하는 품사이며, 대명사의 종류에는 인칭대명사와 지시대명사 등이 있습니다.

(1) 인칭대명사

인칭대명사란 사람을 가리키는 대명사를 말합니다. '저, 나'를 가리키는 1인칭과 '당신, 너'를 가리키는 2인칭, 그리고 '나, 너'를 제외한 나머지를 가리키는 3인칭으로 나눌 수 있습니다.

	1인칭	2인칭	3인칭	부정칭
정중체	私 (わたし) 저	あなた 당신	彼 (かれ) 그	どなた 어느 분
회화체	*僕 (ぼく), *俺 (おれ) 나	*君 (きみ), *お前 (まえ) 너	彼女 (かのじょ) 그녀, 여자친구	誰 (だれ) 누구

*는 친구끼리 또는 친한 사이끼리 반말을 할 때 쓰는 표현이므로 주의가 필요해요.

(2) 지시대명사①: 사물과 장소

지시대명사란 화자가 지칭하는 사물과 사물의 위치(장소와 방향)를 가리키는 대명사를 말합니다. 우선 사물과 장소를 나타내는 지시대명사에 대해 살펴보겠습니다.

주의! 알아두기

'あなた(당신)'는 윗사람에게 사용하면 다소 실례가 될 수 있는 표현입니다. 따라서 'あなた' 대신 상대방의 성이나 이름에 'さん(~씨)'을 붙여 부르거나, 직책을 붙여 부르는 것이 좋습니다.

주의! 알아두기

'남자친구'는 '彼氏 (かれ し)'를 사용합니다.

	근칭 (こ 이)	중칭 (そ 그)	원칭 (あ 저)	부정칭 (ど 어느)
사물	これ 이것	それ 그것	あれ 저것	どれ 어느 것
장소	ここ 여기	そこ 거기	あそこ 저기	どこ 어디

③ 기본 문형

기본 문형이란 문법의 기본인 명사, 대명사, 조사 등으로 '~이다', '~입니다', '~이/가 아니다', '~이/가 아닙니다'와 같은 긍정문과 부정문을 구성한 기본적인 문장을 말합니다.

(1) 보통체

긍정문	부정문
~だ ~이다	~じゃ(=では)ない ~이/가 아니다

これだ。 이것이다.
先生だ。 선생님이다.

ここじゃない。 여기가 아니다.
今日は休みじゃない。 오늘은 휴일이 아니다.

(2) 정중체

긍정문	부정문
~です ~입니다	~じゃ(=では)ないです(=ありません) ~이/가 아닙니다

これです。 이것입니다.
先生です。 선생님입니다.

ここじゃないです。 여기가 아닙니다.
今日は休みじゃないですか。 오늘은 휴일이 아닙니까?

주의 알아두기

정중체의 경우 문장의 끝에 'か'를 붙이면 의문문이 됩니다.

주의 알아두기

'~ではありません'은 '~じゃないです'와 동일한 의미이지만 '~ではありません' 쪽이 더 정중한 표현이랍니다.

— 어휘
• 先生 선생님
• 今日 오늘
• ~は ~은/는
• 休み 휴일, 휴가, 방학

4 조사

조사란 다른 말을 도와주는 역할을 하는 품사입니다. 여기서는 그 중 'は'와 'の'를 살펴보겠습니다.

(1) は

'~은/는'에 해당하는 주격 조사입니다. 주의할 것은 조사로 쓰일 때는 [wa]로 발음된다는 것입니다.

これは本です。 이것은 책입니다.
金さんは学生ですか。 김 씨는 학생입니까?

(2) の

'の'는 '~의(소유격)', '~인(동격)', '~의 것(소유대명사)' 등의 의미로 쓰입니다.

1) 소유격: ~의
私の本です。 나의 책 입니다.
誰のかばんですか。 누구의 가방입니까?

2) 동격: ~인
私の友達の金です。 내 친구인 김입니다.
(私の友達=金)

3) 소유대명사: ~의 것
この本は私のです。 이 책은 나의 것입니다.
このかばんは誰のですか。 이 가방은 누구의 것입니까?

일본어도 한국어와 마찬가지로 다양한 조사를 사용한답니다. 처음부터 한번에 외우려고 하지 마세요. 천천히 차근차근 쌓아 간다는 느낌으로 공부하면 좋을 거예요.

— 어휘

- **これ** 이것
- **本** 책
- **~さん** ~씨
- **学生** 학생
- **私** 나
- **誰** 누구
- **かばん** 가방
- **友達** 친구
- **この** 이

연습해 봅시다!

☑ **다음 보기를 이용하여 문장을 만들어 보세요.**

〈보기〉

私 나 ㅣ ～の ～의, ～의 것 ㅣ あなた 당신
彼女 여자친구 ㅣ ～です ～입니다 ㅣ 彼氏 남자친구 ㅣ ～か ～까?
～じゃ(=では)ないです(=ありません) ～이/가 아닙니다

(1) 나의(나의 것)

_____

(2) 당신의(당신의 것)

_____

(3) 나의 여자친구입니다.

_____

(4) 나의 남자친구입니다.

_____

(5) 당신의 남자친구입니까?

_____

(6) 나의 여자친구가 아닙니다.

_____

확인해 봅시다!

☑ **다음 문장 중 색으로 표시된 부분을 주의하며 일본어로 써 보세요.**

(1) 이것은 김 씨의 가방입니까?

[이것 これ | 김 씨 <ruby>金<rt>キム</rt></ruby>さん | 가방 かばん]

_____

(2) 김 씨의 여자친구는 누구입니까?

[김 씨 <ruby>金<rt>キム</rt></ruby>さん | 여자친구 <ruby>彼女<rt>かのじょ</rt></ruby> | 누구 <ruby>誰<rt>だれ</rt></ruby>]

_____

(3) 이것은 선생님의 것입니까?

[이것 これ | 선생님 <ruby>先生<rt>せんせい</rt></ruby> | ~의 것 ～の]

_____

(4) 아니요, 선생님의 것이 아닙니다.

[아니요 いいえ | 선생님 <ruby>先生<rt>せんせい</rt></ruby> | ~의 것 ～の]

_____

정답은 286쪽에서
확인하세요!

UNIT 03 명사 정복하기 (2)

STEP 1 오늘의 포인트

☑ **문법 포인트를 미리 파악해 볼까요?**

① 미안합니다. 서울 대학교는 어느 쪽입니까?

② 이 책은 누구의 책입니까?

③ 일본어 선생님은 어떤 사람입니까?

④ 그 노트는 김 씨의 것입니다.

 주목! 오늘의 핵심

지시대명사 '이, 그, 저, 어느'로 방향과 명사 수식에 대해 알아보고, 기본 문형과 조사를 다시 한 번 되짚어 봅시다.

STEP 2 외워 봅시다! 🎧 TRACK 03-01

☑ **오늘 나오는 단어를 미리 외워 볼까요?**

부디, 아무쪼록, 어서 ~하세요 どうぞ │ 화장실 トイレ │ 책 本[ほん]

사람 人[ひと] │ 일본어 日本語[にほんご] │ 서울 ソウル │ 대학교 大学[だいがく] │ 역 駅[えき]

 반짝 반짝! 보물 같은 키워드

どうぞ는 예를 들면 차를 탈 때 '어서 타세요, 먼저 타세요'와 같이 상대방에게 무엇인가 권유하거나 그 행동을 하게끔 유도하는 표현으로 잘 사용됩니다.

배워 봅시다! 🎧 TRACK 03-02 G R A M M A R

① 지시대명사

UNIT02에서 배운 사물과 장소를 나타내는 지시대명사에 이어 이번에는 방향과
명사 수식을 나타내는 지시대명사를 공부해 볼까요?

(1) 지시대명사②: 방향

'こちら, そちら, あちら, どちら'는 방향을 나타내는 용법 이외에도 '이분,
저분, 그분, 어느 분' 등 사람을 가리키기도 합니다. 'こっち, そっち, あっち,
どっち'는 격식 없이 편하게 말할 때 쓰입니다.

	근칭 (こ 이)	중칭 (そ 그)	원칭 (あ 저)	부정칭 (ど 어느)
방향	こちら(こっち) 이쪽	そちら(そっち) 그쪽	あちら(あっち) 저쪽	どちら(どっち) 어느 쪽

こちらへどうぞ。 이쪽으로 오세요.

トイレはどちらですか。 화장실은 어느 쪽입니까?

(2) 지시대명사③: 명사 수식

뒤에 명사가 연결되는 형태입니다. 'こんな, そんな, あんな, どんな'는 거리
와는 관계가 없으며 뒤에 に를 붙이면 'こんなに(이렇게), そんなに(그렇게),
あんなに(저렇게), どんなに(아무리)'와 같은 부사가 됩니다.

	근칭 (こ 이)	중칭 (そ 그)	원칭 (あ 저)	부정칭 (ど 어느)
명사 수식	この 이	その 그	あの 저	どの 어느
	こんな 이런	そんな 그런	あんな 저런	どんな 어떤

この本 이 책   どんな人 어떤 사람

잠깐! 깨알 정보

지시대명사로 '人(사람)'를 수식
하면 'この人(이 사람)', 'その人
(그 사람)', 'あの人(저 사람)'가
되겠죠. 그런데 한 가지 더! '人'
대신 '方(분)'를 써서 'この方(이
분)', 'その方(그분)', 'あの方(저
분)'로 공손하게 말하는 경우도
있습니다.

── 어휘
• 〜へ 〜으로, 〜에
• どうぞ 부디, 아무쪼록,
　　　　어서 〜하세요
• トイレ 화장실
• 本 책
• 人 사람

② 기본 문형 복습

앞에서 배운 지시대명사와 기본 문형을 이용해서 다양한 문장을 만들어 볼까요? 정중체의 경우 문장의 끝에 'か'를 붙이면 의문문이 된다는 것을 잊지 맙시다.

(1) 기본 문형

주의 알아두기

UNIT08에서 이 표를 다시 보실 수 있을 거예요. 잊지 말고 꼼꼼히 공부해 둡시다.

	긍정문	부정문
보통체	~だ ~이다	~じゃ(=では)ない ~이/가 아니다
정중체	~です ~입니다	~じゃ(=では) ないです(=ありません) ~이/가 아닙니다

この先生だ。이 선생님이다.

その先生じゃない。그 선생님이 아니다.

どちらですか。어느 쪽입니까?

あの本じゃないです。저 책이 아닙니다.

— 어휘

· **先生** 선생님

❸ 조사

UNIT02에 이어 조사 'の'에 대해 좀 더 살펴보겠습니다.

(1) の

1) 원칙: 명사와 명사 사이에는 'の'가 들어갑니다. 이 경우, 일반적으로 한국어 해석은 하지 않습니다.

日本語の本　일본어 책

日本語の先生　일본어 선생님

2) 예외: 고유명사인 경우에는 명사와 명사 사이이더라도 'の'를 넣지 않습니다.

ソウル大学　서울 대학교

ソウル駅　서울 역

 주의 알아두기

만약 'の'를 넣는다면, 'ソウルの 大学(서울의 대학교)'는 '서울의 모든 대학교', 'ソウルの駅(서울의 역)'은 '서울의 모든 역'을 의미하게 되겠지요.

━ 어휘

• 日本語 일본어
• 本 책
• 先生 선생님
• ソウル 서울
• 大学 대학교
• 駅 역

연습해 봅시다!

☑ 다음 보기를 이용하여 문장을 만들어 보세요.

〈보기〉

この 이 | 本 책 | ~です ~입니다 | ~じゃ(=では)ない ~이/가 아니다

~じゃ(=では)ないです(=ありません) ~이/가 아닙니다 | ~か ~까? | こちら 이쪽

(1) 이 책입니다.

_____

(2) 이 책이 아니다.

_____

(3) 이 책이 아닙니까?

_____

(4) 이쪽입니다.

_____

(5) 이쪽이 아니다.

_____

(6) 이쪽이 아닙니까?

_____

확인해 봅시다!

☑ **다음 문장 중 색으로 표시된 부분을 주의하며 일본어로 써 보세요.**

(1) 미안합니다. 서울 대학교는 어느 쪽입니까?

[미안합니다 すみません | 서울 ソウル | 대학교 大学 | 어느 쪽 どちら]

_____

(2) 이 책은 누구의 책입니까?

[이 この | 책 本 | 누구 誰]

_____

(3) 일본어 선생님은 어떤 사람입니까?

[일본어 日本語 | 선생님 先生 | 어떤 どんな | 사람 人]

_____

(4) 그 노트는 김 씨의 것입니다.

[그 その | 노트 ノート | 김 씨 金さん]

_____

정답은 286쪽에서
확인하세요!

28

UNIT 04 명사의 시제 정리하기

STEP
1

오늘의 포인트

☑ **문법 포인트를 미리 파악해 볼까요?**

① 휴가는 언제였습니까?

② 여기가 아니었다.

③ 술이었다.

④ 오늘은 일이고, 내일은 휴일입니다.

 주목! 오늘의 핵심

이번에는 명사문의 과거 표현과 문장을 연결하는 형태에 대해서 공부해 봅시다.

STEP
2

외워 봅시다! 🎧 TRACK 04-01

☑ **오늘 나오는 단어를 미리 외워 볼까요?**

어제 昨日(きのう) ┃ 생일 誕生日(たんじょうび) ┃ 커피 コーヒー ┃ 전, 앞 前(まえ)

일 仕事(しごと) ┃ 무엇 何(なん)(なに) ┃ 일본인 日本人(にほんじん) ┃ 주스 ジュース

 반짝 반짝! 보물 같은 키워드

일본에서는 생일을 誕生日(たんじょうび)라고 하며, 앞에 명사를 정중하고 예쁘게 꾸며주는 お를 붙여 お誕生日(たんじょうび)라고도 한답니다.

배워 봅시다! ∩TRACK 04-02 G R A M M A R

1 명사문의 과거 표현

'명사+だった(~이었다)', '명사+でした(~이었습니다)'는 과거 긍정 표현이
며, '명사+じゃなかった(~이/가 아니었다)', '명사+じゃなかったです(~이/
가 아니었습니다)'는 과거 부정 표현입니다.

	보통체	정중체
현재 긍정	~だ ~이다	~です ~입니다
현재 부정	~じゃ(=では)ない ~이/가 아니다	~じゃ(=では) ないです(=ありません) ~이/가 아닙니다
과거 긍정	~だった ~이었다	~でした ~이었습니다
과거 부정	~じゃ(=では)なかった ~이/가 아니었다	~じゃ(=では) なかったです (=ありませんでした) ~이/가 아니었습니다

 주의! 알아두기

부정을 과거 표현으로 고칠 때
'~じゃない'의 'い'부분이 'かっ
た'로 바뀐다는 것에 주의하세
요. 이 부분은 UNIT07에서 형용
사를 공부할 때 해결되니 너무
걱정 마세요!

昨日は誕生日だった。 어제는 생일이었다.

これはコーヒーじゃなかった。 이것은 커피가 아니었다.

前の仕事は何でしたか。 전의 일은 무엇이었습니까?

昨日は休みじゃなかったです。 어제는 휴일이 아니었습니다.

 주의! 알아두기

'前の仕事'는 직역하면 '전의
일', 즉 '전에 하던 일'을 가리킵
니다.

2 명사의 연결형

'명사+で'의 형태로 명사를 다른 문장과 연결할 수 있으며, '~이고, ~이며'란
뜻을 나타냅니다.

— 어휘

- **昨日** 어제
- **誕生日** 생일
- **コーヒー** 커피
- **前** 전, 앞
- **仕事** 일
- **何** 무엇
- **休み** 휴일, 휴가, 방학

보통체	연결형
~だ ~이다	~で ~이고, ~이며

<ruby>彼<rt>かれ</rt></ruby>は<ruby>先生<rt>せんせい</rt></ruby>で、<ruby>日本人<rt>にほんじん</rt></ruby>です。 그는 선생님이고, 일본인입니다.

これはコーヒーで、それはジュースです。
이것은 커피이며, 그것은 주스입니다.

「암기! 한눈에 파악하기」

보통체	현재긍정	~だ	<ruby>日本語<rt>にほんご</rt></ruby>の<ruby>本<rt>ほん</rt></ruby>だ。 일본어 책이다.
	현재부정	~じゃ(=では)ない	<ruby>日本語<rt>にほんご</rt></ruby>の<ruby>本<rt>ほん</rt></ruby>じゃない。 일본어 책이 아니다.
	과거긍정	~だった	<ruby>日本語<rt>にほんご</rt></ruby>の<ruby>本<rt>ほん</rt></ruby>だった。 일본어 책이었다.
	과거부정	~じゃ(=では)なかった	<ruby>日本語<rt>にほんご</rt></ruby>の<ruby>本<rt>ほん</rt></ruby>じゃなかった。 일본어 책이 아니었다.
정중체	현재긍정	~です	<ruby>日本人<rt>にほんじん</rt></ruby>です。 일본인입니다.
	현재부정	~じゃ(=では) ないです (=ありません)	<ruby>日本人<rt>にほんじん</rt></ruby>じゃないです。 일본인이 아닙니다.
	과거긍정	~でした	<ruby>日本人<rt>にほんじん</rt></ruby>でした。 일본인이었습니다.
	과거부정	~じゃ(=では) なかったです (=ありませんでした)	<ruby>日本人<rt>にほんじん</rt></ruby>じゃなかったです。 일본인이 아니었습니다.
연결형		~で	これは<ruby>日本語<rt>にほんご</rt></ruby>の<ruby>本<rt>ほん</rt></ruby>で、 <ruby>彼<rt>かれ</rt></ruby>は<ruby>日本人<rt>にほんじん</rt></ruby>です。 이것은 일본어 책이고 그는 일본인입니다.

어휘

- <ruby>彼<rt>かれ</rt></ruby> 그
- <ruby>先生<rt>せんせい</rt></ruby> 선생님
- <ruby>日本人<rt>にほんじん</rt></ruby> 일본인
- **ジュース** 주스

③ 때를 나타내는 말

추가적으로 때를 나타내는 말에 대해 알아둡시다.

어제	오늘	내일	매일
きのう 昨日	きょう 今日	あした 明日	まいにち 毎日
지난주	**이번 주**	**다음 주**	**매주**
せんしゅう 先週	こんしゅう 今週	らいしゅう 来週	まいしゅう 毎週
지난달	**이번 달**	**다음 달**	**매달**
せんげつ 先月	こんげつ 今月	らいげつ 来月	まいつき 毎月
작년	**올해**	**내년**	**매년**
きょねん 去年	ことし 今年	らいねん 来年	まいとし 毎年

 주의! 알아두기

'月(월)'와 '年(년)'은 읽는 방법이 단어에 따라 달라지니 주의하세요.

연습해 봅시다!

☑ **다음 보기를 이용하여 문장을 만들어 보세요.**

〈보기〉
仕事 일 ㅣ 学生 학생
しごと　　　　がくせい

(1) 일이다.

_____

(2) 일이었다.

_____

(3) 일이 아니다.

_____

(4) 일이 아니었다.

_____

(5) 학생입니다.

_____

(6) 학생이었습니다.

_____

(7) 학생이 아닙니다.

_____

(8) 학생이 아니었습니다.

_____

☑ 다음 문장 중 색으로 표시된 부분을 주의하며 일본어로 써 보세요.

(1) 휴가는 언제였습니까?

　　[휴가 休み | 언제 いつ]

　　_____

(2) 여기가 아니었다.

　　[여기 ここ]

　　_____

(3) 술이었다.

　　[술 酒]

　　_____

(4) 오늘은 일이고, 내일은 휴일입니다.

　　[오늘 今日 | 일 仕事 | 내일 明日 | 휴일 休み]

　　_____

정답은 286쪽에서
확인하세요!

UNIT 05 위치명사 정복하기

STEP 1 오늘의 포인트

☑ **문법 포인트를 미리 파악해 볼까요?**

① 선생님의 가방은 어디에 있습니까?

② 테이블 위에 있습니다.

③ A: 여자친구 있습니까? B: 아니요, 없습니다.

④ 내 앞에 김 씨가 있습니다.

 주목! 오늘의 핵심

부정을 나타내는 말과 존재여부를 나타내는 말을 헷갈리지 마세요! 즉, '〜じゃ(=では)ありません (〜이/가 아닙니다)'과 '*ありません*(없습니다)'을 잘 구별하여 암기합시다.

STEP 2 외워 봅시다! 🎧 TRACK 05-01

☑ **오늘 나오는 단어를 미리 외워 볼까요?**

책상 机(つくえ) ∣ 학교 学校(がっこう) ∣ 테이블 テーブル

교실 教室(きょうしつ) ∣ 학생 学生(がくせい) ∣ 돈 お金(かね)

 반짝 반짝! 보물 같은 키워드

'学生(がくせい)(학생)'를 발음할 땐 주의하세요! か행과 さ행이 만나면 か행은 약하게 발음된답니다. 비슷한 예로 'や<u>く</u>そく(약속)'이나 'た<u>く</u>さん(많이)' 등이 있습니다.

1 위치명사

위치를 나타내는 명사에는 다음과 같은 것이 있습니다.

上^{うえ}	下^{した}	前^{まえ}	後ろ^{うし}	右^{みぎ}	左^{ひだり}	横^{よこ}	中^{なか}	外^{そと}
위	아래	앞	뒤	오른쪽	왼쪽	옆	안, 속	밖

2 조사

위치명사와 함께 잘 쓰이는 조사로는 다음과 같은 것이 있습니다.

(1) に

'〜에'라는 뜻으로 시간과 장소를 나타내는 말 뒤에 붙습니다.

(2) が

'〜이/가'라는 뜻으로 주체를 나타냅니다.

(3) も

말을 추가할 때 '〜도'라는 뜻으로 쓰이기도 하고 숫자와 함께 쓰이면 '〜이나'
와 같은 강조의 의미를 나타냅니다.

주의 알아두기

하나의 조사에는 여러 가지 뜻이
있을 수 있어요. 따라서 처음부터
무작정 몽땅 외우려 하지 말고
기본이 되는 뜻부터 정확히 암기
해두는 것이 요령입니다.

③ 존재동사

일본어는 우리와 달리 움직임의 유무에 따라 존재동사가 달라집니다. 즉 스스로 움직일 수 있으면 'います', 움직일 수 없으면 'あります'를 사용합니다.

주의! 알아두기

우리말은 특별히 존재동사가 나뉘어져 있지 않기 때문에 무심코 틀릴 수 있는 대표적인 표현이에요. 이번에 확실히 익혀 두세요.

		동물, 사람(움직임 O)	식물, 사물(움직임 X)
보통체	있다	いる	ある
	없다	いない	ない
정중체	있습니다	います	あります
	없습니다	いません(=いないです)	ありません(=ないです)

주의! 알아두기

보통체에 관한 것은 UNIT10에서 자세하게 다룰 예정이니, 보통체는 눈도장만 살짝 찍고 정중체부터 잘 익혀 두세요.

家に猫がいます。 ←→ 家に猫がいません。
집에 고양이가 있습니다. 집에 고양이가 없습니다.

私は日本人の友達がいます。←→ 私は日本人の友達がいません。
나는 일본인 친구가 있습니다. 나는 일본인 친구가 없습니다.

かばんがあります。 ←→ かばんがありません。
가방이 있습니다. 가방이 없습니다.

机の上に本があります。 ←→ 机の上に本がありません。
책상 위에 책이 있습니다. 책상 위에 책이 없습니다.

어휘
• 家 집
• 猫 고양이
• かばん 가방
• 机 책상
• 本 책

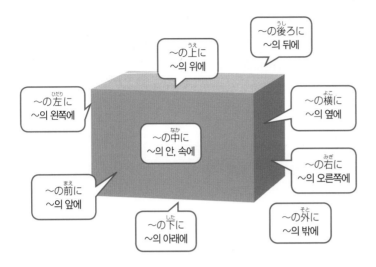

~の後ろに
~의 뒤에

~の上に
~의 위에

~の左に
~의 왼쪽에

~の横に
~의 옆에

~の中に
~의 안, 속에

~の右に
~의 오른쪽에

~の前に
~의 앞에

~の下に
~의 아래에

~の外に
~의 밖에

テーブルの上にケータイがあります。 테이블 위에 휴대전화가 있습니다.

いすの下にかばんがあります。 의자 아래에 가방이 있습니다.

教室の中に金さんがいます。 교실 안에 김 씨가 있습니다.

잠깐! 깨알 정보

'ケータイ(휴대전화)'는 '携帯電話'의 준말, 그리고 'パソコン(컴퓨터)'은 'パーソナルコンピューター'의 준말이에요.

「암기! 한눈에 파악하기」

긍정문	~は/が ~にあります。 ~은/는/이/가 ~에 있습니다. ~は/が ~にいます。 ~은/는/이/가 ~에 있습니다. ~もあります。 ~도 있습니다. ~もいます。 ~도 있습니다.	本は机の上にあります。 책은 책상 위에 있습니다. 木村さんは学校にいます。 기무라 씨는 학교에 있습니다. パソコンもあります。 컴퓨터도 있습니다. 犬もいます。 개도 있습니다.
부정문	~に ~は/があ"りません。 ~에 ~은/는/이/가 없습니다. ~に ~は/がいません。 ~에 ~은/는/이/가 없습니다. ~もありません。 ~도 없습니다. ~もいません。 ~도 없습니다.	机の上に本はありません。 책상 위에 책은 없습니다. 学校に木村さんはいません。 학교에 기무라 씨는 없습니다. パソコンもありません。 컴퓨터도 없습니다. 犬もいません。 개도 없습니다.
의문문	~は/が ~にありますか。 ~은/는/이/가 ~에 있습니까? ~は/が ~にいますか。 ~은/는/이/가 ~에 있습니까? ~もありますか。 ~도 있습니까? ~もいますか。 ~도 있습니까?	本はどこにありますか。 책은 어디에 있습니까? 木村さんは学校にいますか。 기무라 씨는 학교에 있습니까? パソコンもありますか。 컴퓨터도 있습니까? 犬もいますか。 개도 있습니까?

어휘

- **テーブル** 테이블
- **ケータイ** 휴대전화
- **いす** 의자
- **教室** 교실
- **~さん** ~씨
- **学校** 학교
- **パソコン** 컴퓨터
- **犬** 개

연습해 봅시다!

☑ **다음 보기를 이용하여 문장을 만들어 보세요.**

〈보기〉

学校 학교 ∣ 教室 교실 ∣ 学生 학생 ∣ 誰 누구 ∣ 誰も 아무도 ∣ お金 돈

(1) 학교가 있습니다.

_____

(2) 학교도 있습니다.

_____

(3) 학교는 없습니다.

_____

(4) 학교에 교실이 있습니다.

_____

(5) 교실에 학생이 있습니다.

_____

(6) 교실에 누가 있습니까?

_____

(7) 아무도 없습니다.

_____

(8) 학생은 돈이 없습니다.

_____

확인해 봅시다!

☑ **다음 문장 중 색으로 표시된 부분을 주의하며 일본어로 써 보세요.**

(1) 선생님의 가방은 어디에 있습니까?

[선생님 先生(せんせい) | 가방 かばん | 어디 どこ]

_____

(2) 테이블 위에 있습니다.

[테이블 テーブル | 위 上(うえ)]

_____

(3) A: 여자친구 있습니까?　B: 아니요, 없습니다.

[여자친구 彼女(かのじょ) | 아니요 いいえ]

_____

(4) 내 앞에 김 씨가 있습니다.

[나 私(わたし) | 앞 前(まえ) | 김 씨 金(キム)さん]

_____

정답은 287쪽에서
확인하세요!

06 い형용사 활용하기(1)

STEP 1 | 오늘의 포인트

☑ **문법 포인트를 미리 파악해 볼까요?**

① A: 이 가방은 쌉니까? B: 네, 비싼 가방이 아닙니다.

② 일본은 춥지 않습니다.

③ 한국 맥주와 일본 맥주와 어느 쪽이 맛있습니까?

④ 맥주 중에서 무엇이 제일 맛있습니까?

 주목! 오늘의 핵심

일본어는 우리말과 달리 형용사가 두 가지랍니다. 첫 번째 형용사에 대해 먼저 알아봅시다.

STEP 2 | 외워 봅시다! 🎧 TRACK 06-01

☑ **오늘 나오는 단어를 미리 외워 볼까요?**

재미있다 おもしろい | 싸다 安^{やす}い | 맛있다 おいしい | 쪽, 방향 方^{ほう}

제일 一番^{いちばん} | 비싸다 高^{たか}い | 춥다 寒^{さむ}い | 맥주 ビール

 반짝 반짝! 보물 같은 키워드

一番^{いちばん}의 一^{いち}는 숫자 '1'을 뜻하므로 一番^{いちばん}은 '가장, 일등, 제일'이라는 뜻도 된답니다.

배워 봅시다! 🎧 TRACK 06-02   G R A M M A R

1 형용사

형용사란 사람 또는 사물의 성질이나 상태를 나타내는 말로, 명사를 수식하거나 서술어의 기능을 합니다. 일본어의 형용사는 어미의 형태에 따라 각각 い형용사와 な형용사로 구분됩니다. 먼저 い형용사의 특징을 살펴볼까요?

2 い형용사

어미가 い로 끝나며, 명사를 수식할 때 어미 い가 그대로 붙어 있는 형용사를 말합니다.

(1) 보통체: 〜い → 〜い ~다

先生はかわいい。[かわいい] 선생님은 귀엽다.

日本語はおもしろい。[おもしろい] 일본어는 재미있다.

このかばんは安い。[安い] 이 가방은 싸다.

(2) 정중체: 〜い → 〜い+です ~습니다

先生はかわいいです。[かわいい] 선생님은 귀엽습니다.

日本語はおもしろいです。[おもしろい] 일본어는 재미있습니다.

このかばんは安いです。[安い] 이 가방은 쌉니다.

(3) 명사 수식: 〜い → 〜い+명사 ~ㄴ

かわいい先生 [かわいい] 귀여운 선생님

おもしろい日本語 [おもしろい] 재미있는 일본어

安いかばん [安い] 싼 가방

 주의 알아두기

정중체는 우리가 이미 학습한 '명사+です'에서 명사 대신 い형용사가 들어갔다고 생각하면 아주 쉽습니다.

— 어휘

• **かわいい** 귀엽다
• **日本語** 일본어
• **おもしろい** 재미있다
• **安い** 싸다

(4) 현재 부정

1) 보통체: ～い → ～くない ～지 않다

おもしろくない。[おもしろい] 재미있지 않다.

このパンはおいしくない。[おいしい] 이 빵은 맛있지 않다.

日本語は難しくない。[難しい] 일본어는 어렵지 않다.

주의! 알아두기

'좋다'라는 뜻의 'いい'는 'いくない(좋지 않다)'가 아니라 'よくない(좋지 않다)'라고 해야 합니다.

2) 정중체: ～い → ～くない＋です(=くありません) ～지 않습니다

おもしろくないです(=おもしろくありません)。[おもしろい]
재미있지 않습니다.

このパンはおいしくないです(=おいしくありません)。[おいしい]
이 빵은 맛있지 않습니다.

日本語は難しくないです(=難しくありません)。[難しい]
일본어는 어렵지 않습니다.

주의! 알아두기

부정형 '～くない' 역시 어미가 い로 끝나기 때문에 い형용사와 활용이 같습니다.

❸ い형용사의 비교문과 최상급 표현

형용사를 이용하여 비교문과 최상급 표현을 만들 수 있습니다. 이것은 문형 자체가 중요하니 꼭 알아두세요.

(1) 양자 비교

A: ～と～とどちら(の方)が～ですか ～와/과 ～와/과 어느 쪽이 ～습니까?

B: ～の方が～です ～쪽이 ～습니다

い형용사를 이용하여 두 가지를 사이에 두고 비교할 수 있습니다.

A: コーヒーとコーラとどちら(の方)がおいしいですか。
　 커피와 콜라와 어느 쪽이 맛있습니까?

B: コーヒーの方がおいしいです。커피 쪽이 맛있습니다.

A: 日本語と英語とどちら(の方)がおもしろいですか。
　 일본어와 영어와 어느 쪽이 재미있습니까?

B: 日本語の方がおもしろいです。일본어 쪽이 재미있습니다.

어휘

・パン 빵
・おいしい 맛있다
・難しい 어렵다
・いい 좋다
・コーラ 콜라
・英語 영어

(2) 셋 이상 비교

A: ~の中で何/誰が一番~ですか ~중에서 무엇이/누가 제일 ~습니까?

B: ~が一番~です ~이/가 제일 ~습니다

세 가지 이상을 비교해서 그 중에서 제일인 것을 가리킬 수 있습니다.

A: コーヒーの中で何が一番おいしいですか。
　 커피 중에서 무엇이 제일 맛있습니까?

B: アメリカーノが一番おいしいです。 아메리카노가 제일 맛있습니다.

A: 先生の中で誰が一番こわいですか。
　 선생님 중에서 누가 제일 무섭습니까?

B: 田中先生が一番こわいです。 다나카 선생님이 제일 무섭습니다.

잠깐 깨알 정보

다양한 커피 종류를 일본어로 알아볼까요? 우리가 많이 마시는 'アメリカーノ(아메리카노)'부터 일본에서 자주 마실 수 있는 'カフェオレ(카페오레)', 그 외에도 'カフェラテ(카페라떼)', 'カプチーノ(카푸치노)', 'エスプレッソ(에스프레소)' 등이 있습니다.

──── 어휘

• **何** 무엇
• **誰** 누구
• **アメリカーノ** 아메리카노
• **こわい** 무섭다

44

연습해 봅시다!

☑ **다음 보기를 이용하여 문장을 만들어 보세요.**

〈보기〉

おもしろい 재미있다 ㅣ 先生 선생님 ㅣ おいしい 맛있다 ㅣ ラーメン 라면

コーヒー 커피 ㅣ 〜と 〜와/과 ㅣ どちら(の方)が 어느 쪽이 ㅣ 高い 비싸다

〜の中で 〜중에서 ㅣ これ 이것 ㅣ 一番 제일 ㅣ 安い 싸다

(1) 재미있는 선생님

_____

(2) 재미있지 않은 선생님

_____

(3) 맛있는 라면

_____

(4) 맛있지 않은 라면

_____

(5) 라면과 커피와 어느 쪽이 비쌉니까?

_____

(6) 커피 중에서 이것이 제일 쌉니다.

_____

확인해 봅시다!

EXERCISE

☑ **다음 문장 중 색으로 표시된 부분을 주의하며 일본어로 써 보세요.**

(1) A: 이 가방은 쌉니까?   B: 네, 비싼 가방이 아닙니다.

[가방 かばん | 싸다 安^{やす}い | 네 はい | 비싸다 高^{たか}い]

_____

(2) 일본은 춥지 않습니다.

[일본 日本^{にほん} | 춥다 寒^{さむ}い]

_____

(3) 한국 맥주와 일본 맥주와 어느 쪽이 맛있습니까?

[한국 韓国^{かんこく} | 맥주 ビール | 일본 日本^{にほん} | 어느 쪽 どちら(の方^{ほう}) | 맛있다 おいしい]

_____

(4) 맥주 중에서 무엇이 제일 맛있습니까?

[맥주 ビール | ~중에서 ~の中^{なか}で | 무엇 何^{なに} | 제일 一番^{いちばん} | 맛있다 おいしい]

_____

정답은 287쪽에서
확인하세요!

UNIT 07 い형용사 활용하기(2)

STEP 1 오늘의 포인트

☑ **문법 포인트를 미리 파악해 볼까요?**

① A: 어제 바빴어? B: 아니, 바쁘지 않았어.

② 날씨는 좋았습니까?

③ 아니요, 좋지 않았습니다.

④ 일본어는 재미있고 쉽습니다.

 주목! 오늘의 핵심

우리는 앞에서 명사의 과거 표현과 연결형을 학습했습니다. 그럼 い형용사의 과거형과 연결형은 어떻게 다른지 한 번 볼까요?

STEP 2 외워 봅시다! 🎧 TRACK 07-01

☑ **오늘 나오는 단어를 미리 외워 볼까요?**

일본어 日本語 | 어렵다 難しい | 날씨 天気 | 좋다 いい

빠르다 早い | 바쁘다 忙しい | 쉽다 やさしい

 반짝 반짝! 보물 같은 키워드

대표적인 天気(날씨)의 표현으로 'はれ(맑음)', 'くもり(흐림)', 'あめ(비)'도 같이 알아두면 좋습니다.

배워 봅시다!

1 い형용사의 과거형

い형용사의 과거 긍정형은 어미 'い'를 떼고 어간에 'かった'를, 과거 부정형은 'くなかった'를 붙이면 됩니다.

주의! 알아두기

형용사가 다양한 활용을 할 때 변하는 부분을 '어미', 변하지 않는 부분을 '어간'이라고 합니다.

(1) 과거 긍정

1) 보통체: 〜い → かった 〜였다
先生_{せんせい}はかわいかった。[かわいい] 선생님은 귀여웠다.
日本語_{にほんご}はおもしろかった。[おもしろい] 일본어는 재미있었다.

2) 정중체: 〜い → かった＋です 〜였습니다
先生_{せんせい}はかわいかったです。[かわいい] 선생님은 귀여웠습니다.
日本語_{にほんご}はおもしろかったです。[おもしろい] 일본어는 재미있었습니다.

주의! 알아두기

い형용사 정중체의 과거형은 반드시 '〜かったです'라고 해야 한다는 것을 기억해 두세요.

예) 〜でした (X)
　　〜かったでした(X-이중 과거)

(2) 과거 부정

1) 보통체: 〜い → 〜くなかった 〜지 않았다

このパンはおいしくなかった。[おいしい] 이 빵은 맛있지 않았다.
日本語_{にほんご}は難_{むずか}しくなかった。[難_{むずか}しい] 일본어는 어렵지 않았다.

2) 정중체: 〜い → 〜くなかった＋です(＝くありませんでした)
　　　　　　 〜지 않았습니다

このパンはおいしくなかったです(＝おいしくありませんでした)。
[おいしい] 이 빵은 맛있지 않았습니다.
日本語_{にほんご}は難_{むずか}しくなかったです(＝難_{むずか}しくありませんでした)。[難_{むずか}しい]
일본어는 어렵지 않았습니다.

― 어휘

- **かわいい** 귀엽다
- **日本語_{にほんご}** 일본어
- **おもしろい** 재미있다
- **パン** 빵
- **おいしい** 맛있다
- **難_{むずか}しい** 어렵다

② 명사문과 い형용사문의 과거 긍정, 과거 부정 비교

명사문과 い형용사문의 과거 긍정 및 과거 부정을 비교하면 다음과 같습니다.

	명사문	い형용사문
현재긍정	これだ 이것이다	おいしい 맛있다
과거긍정	これだった 이것이었다	おいしかった 맛있었다
현재부정	これじゃない 이것이 아니다	おいしくない 맛있지 않다
과거부정	これじゃなかった 이것이 아니었다	おいしくなかった 맛있지 않았다

'いい(좋다)'는 활용될 때 어간이 'よ'로 바뀐다는 것을 잊지 마세요. 다른 い형용사와 활용이 다르기 때문에 특별히 주의해서 외워야 합니다.

	보통체	정중체
현재긍정	いい 좋다	いいです 좋습니다
과거긍정	よかった 좋았다	よかったです 좋았습니다
현재부정	よくない 좋지 않다	よくないです (=よくありません) 좋지 않습니다
과거부정	よくなかった 좋지 않았다	よくなかったです (=よくありませんでした) 좋지 않았습니다

주의! 알아두기

い형용사의 연결형은 두 가지 의미로 나눌 수 있습니다. 단순히 상태를 나열하는 의미인 '~이고'와 원인 혹은 이유를 나타내는 의미인 '~이어서'입니다. 문맥에 따라 유연하게 해석할 줄 알아야 해요.

③ い형용사의 연결형과 부사형

그 외 い형용사의 연결형과 부사형은 다음과 같습니다.

보통체	연결형	부사형
~い ~이다	~くて ~이고, ~이어서	~く ~이게

海は広くて、うつくしい。[広い] 바다는 넓고, 아름답다.
天気がよくて、気持ちがいいです。[いい] 날씨가 좋아서, 기분이 좋습니다.
早く! 早く! [早い] 빨리! 빨리!

어휘

- **いい** 좋다
- **海** 바다
- **広い** 넓다
- **うつくしい** 아름답다
- **天気** 날씨
- **気持ち** 기분
- **早い** 빠르다, 이르다

「암기! 한눈에 파악하기」

	활용	예
과거긍정 (보통체)	~い ⇒ ~かった	寒い(춥다) ⇒ 寒かった(추웠다)
과거긍정 (정중체)	~い ⇒ ~かった+です	寒い(춥다) ⇒ 寒かったです(추웠습니다)
과거부정 (보통체)	~い ⇒ ~くなかった	寒い(춥다) ⇒ 寒くなかった(춥지 않았다)
과거부정 (정중체)	~い ⇒ ~くなかったです (= くありませんでした)	寒い(춥다) ⇒ 寒くなかったです (= 寒くありませんでした) (춥지 않았습니다)
연결형	~い ⇒ ~くて	寒い(춥다) ⇒ 寒くて(춥고, 추워서)
부사형	~い ⇒ ~く	寒い(춥다) ⇒ 寒く(춥게)

 주의! 알아두기

'いい(좋다)'의 연결형은 'よくて
(좋고, 좋아서)', 부사형은 'よく
(좋게)'입니다.

― 어휘

• 寒い 춥다

연습해 봅시다!

☑ **다음 보기를 이용하여 문장을 만들어 보세요.**

┌─ 〈보기〉 ─────────────────────────────────┐
かわいい 귀엽다 ∣ おもしろい 재미있다 ∣ 先生^{せんせい} 선생님
└───────────────────────────────────────┘

(1) 귀여웠다.

_____

(2) 귀엽지 않다.

_____

(3) 귀엽지 않았다.

_____

(4) 귀여웠습니다.

_____

(5) 귀엽지 않습니다.

_____

(6) 귀엽지 않았습니다.

_____

(7) 귀엽게

_____

(8) 귀엽고 재미있는 선생님

_____

확인해 봅시다!

☑ **다음 문장 중 색으로 표시된 부분을 주의하며 일본어로 써 보세요.**

(1) A: 어제 바빴어? B: 아니, 바쁘지 않았어.

[어제 昨日(きのう) | 바쁘다 忙(いそが)しい | 아니 ううん]

_____

(2) 날씨는 좋았습니까?

[날씨 天気(てんき) | 좋다 いい]

_____

(3) 아니요, 좋지 않았습니다.

[아니요 いいえ | 좋다 いい]

_____

(4) 일본어는 재미있고 쉽습니다.

[일본어 日本語(にほんご) | 재미있다 おもしろい | 쉽다 やさしい]

_____

정답은 287쪽에서 확인하세요!

UNIT 08 な형용사 활용하기(1)

STEP 1 오늘의 포인트

☑ **문법 포인트를 미리 파악해 볼까요?**

① 친절한 선생님입니다.

② 일본어는 간단하지 않습니다.

③ 건강합니까(잘 지냅니까)?

④ 시원스쿨 선생님 중에서 누가 제일 유명합니까?

 주목! 오늘의 핵심

일본어는 두 가지의 형용사가 있다고 했었죠? 지금까지는 い형용사에 대해서 공부했습니다. 이제 な형용사에 대해서 알아봅시다.

STEP 2 외워 봅시다! 🎧 TRACK 08-01

☑ **오늘 나오는 단어를 미리 외워 볼까요?**

친절하다 親切だ ┃ 간단하다 簡単だ ┃ 조용하다 静かだ ┃ 편리하다 便利だ

중요하다 大切だ ┃ 유명하다 有名だ ┃ 건강하다 元気だ

 반짝 반짝! 보물 같은 키워드

元気だ(건강하다)에서 비롯된 안부 인사 표현이 'お元気ですか(잘 지냅니까?)'랍니다.

1 な형용사

な형용사란 어미가 'だ'로 끝나며, 명사를 수식할 때 어미 'だ'가 'な'로 바뀌는 형용사를 말합니다.

(1) 보통체: ～だ → ～だ ~하다

先生は親切だ。[親切だ] 선생님은 친절하다.
日本語は簡単だ。[簡単だ] 일본어는 간단하다.
ここは静かだ。[静かだ] 여기는 조용하다.

(2) 정중체: ～だ → ～です ~합니다

先生は親切です。[親切だ] 선생님은 친절합니다.
日本語は簡単です。[簡単だ] 일본어는 간단합니다.
ここは静かです。[静かだ] 여기는 조용합니다.

(3) 명사 수식 : ～だ → ～な＋명사 ~한

親切な先生 [親切だ] 친절한 선생님
簡単な日本語 [簡単だ] 간단한 일본어
静かな教室 [静かだ] 조용한 교실

주의! 알아두기

'同じだ(같다)'는 명사를 수식할 때 '～な'라고 고치지 않고 그냥 어간에 바로 연결합니다.

예) 同じ本(같은 책)
　　同じ財布(같은 지갑)

──● 어휘

• **親切だ** 친절하다
• **簡単だ** 간단하다
• **静かだ** 조용하다
• **教室** 교실
• **同じだ** 같다
• **財布** 지갑

(4) 현재 부정

1) 보통체: ～だ → ～じゃ(=では)ない ～하지 않다

親切じゃ(=では)ない。[親切だ] 친절하지 않다.

日本語は簡単じゃ(=では)ない。[簡単だ] 일본어는 간단하지 않다.

ここは静かじゃ(=では)ない。[静かだ] 여기는 조용하지 않다.

2) 정중체: ～だ → ～じゃない+です(=ではありません) ～하지 않습니다

親切じゃないです(=親切ではありません)。[親切だ] 친절하지 않습니다.

日本語は簡単じゃないです(=簡単ではありません)。[簡単だ]
일본어는 간단하지 않습니다.

ここは静かじゃないです(=静かではありません)。[静かだ]
여기는 조용하지 않습니다.

(5) 명사와 비교

な형용사는 우리가 이미 학습한 명사와 활용이 동일합니다.

		명사	な형용사
현재 긍정	보통체	これだ 이것이다	親切だ 친절하다
	정중체	これです 이것입니다	親切です 친절합니다
현재 부정	보통체	これじゃ(=では)ない 이것이 아니다	親切じゃ(=では)ない 친절하지 않다
	정중체	これじゃないです (=これではありません) 이것이 아닙니다	親切じゃないです (=親切ではありません) 친절하지 않습니다

주의! 알아두기

앞으로 배울 다양한 활용법에서
도 명사와 な형용사의 활용이
동일한 경우가 많으니 쉽게 익
힐 수 있겠죠?

② な형용사의 비교문과 최상급 표현

い형용사와 마찬가지로 な형용사를 이용해서도 비교문과 최상급 표현을 만들
수 있습니다.

(1) 양자 비교

A: ～と～とどちら(の方)が～ですか ～와/과 ～와/과 어느 쪽이 ～합니까?

B: ～の方が～です ～쪽이 ～합니다

な형용사를 이용하여 두 가지를 사이에 두고 비교할 수 있습니다.

A: タクシーと電車とどちら(の方)が便利ですか。
　　택시와 전철과 어느 쪽이 편리합니까?
B: 電車の方が便利です。 전철 쪽이 편리합니다.

A: お金と健康とどちら(の方)が大切ですか。
　　돈과 건강과 어느 쪽이 중요합니까?
B: 健康の方が大切です。 건강 쪽이 중요합니다.

잠깐! 깨알 정보

일본에서는 지상철과 지하철을
확실하게 구분해요. 지상으로
다니면 '電車(전철)', 지하로 다니
면 '地下鉄(지하철)'라고 합니다.

(2) 셋 이상 비교

A: ～の中で何/誰が一番～ですか ～중에서 무엇이/누가 제일 ～합니까?

B: ～が一番～です ～이/가 제일 ～합니다

세 가지 이상을 비교해서 그 중에서 제일인 것을 가리킬 수 있습니다.

A: コーヒーの中で何が一番有名ですか。
　　커피 중에서 무엇이 제일 유명합니까?
B: X－会社のアメリカーノが一番有名です。
　　X－회사의 아메리카노가 제일 유명합니다.

A: 先生の中で誰が一番親切ですか。
　　선생님 중에서 누가 제일 친절합니까?
B: 田中先生が一番親切です。
　　다나카 선생님이 제일 친절합니다.

어휘

- **タクシー** 택시
- **電車** 전철
- **便利だ** 편리하다
- **お金** 돈
- **健康** 건강
- **大切だ** 중요하다
- **有名だ** 유명하다
- **会社** 회사
- **親切だ** 친절하다

연습해 봅시다!

EXERCISE

☑ **다음 보기를 이용하여 문장을 만들어 보세요.**

〈보기〉

^{しんせつ}親切だ 친절하다 ｜ ^{ひと}人 사람 ｜ ^{かんたん}簡単だ 간단하다 ｜ ^{りょうり}料理 요리
^{にほんご}日本語 일본어 ｜ 〜と 〜와/과 ｜ ^{えいご}英語 영어 ｜ どちら(^{ほう}の方)が 어느 쪽이
^{がくせい}学生 학생 ｜ 〜^{なか}の中で 〜중에서 ｜ ^{だれ}誰が 누가 ｜ ^{いちばん}一番 제일

(1) 친절한 사람

_____

(2) 친절하지 않은 사람

_____

(3) 간단한 요리

_____

(4) 간단하지 않은 요리

_____

(5) 일본어와 영어와 어느 쪽이 간단합니까?

_____

(6) 학생 중에서 누가 제일 친절합니까?

_____

확인해 봅시다!

☑ **다음 문장 중 색으로 표시된 부분을 주의하며 일본어로 써 보세요.**

(1) 친절한 선생님입니다.

[친절하다 親切だ | 선생님 先生]

_____

(2) 일본어는 간단하지 않습니다.

[일본어 日本語 | 간단하다 簡単だ]

_____

(3) 건강합니까?(잘 지냅니까?)

[건강하다 元気だ]

_____

(4) 시원스쿨 선생님 중에서 누가 제일 유명합니까?

[시원스쿨 シウォンスクール | 선생님 先生 | ~중에서 ~の中で |

누구 誰 | 제일 一番 | 유명하다 有名だ]

_____

정답은 287쪽에서
확인하세요!

UNIT 09 な형용사 활용하기(2)

STEP 1 오늘의 포인트

☑ **문법 포인트를 미리 파악해 볼까요?**

① 일본은 깨끗했어?

② 아니, 깨끗하지 않았어.

③ 요리를 잘하는 사람을 좋아합니다.

④ 일본어는 간단하고 재미있습니다.

 주목! 오늘의 핵심!

이번에는 な형용사의 과거형과 연결형에 대해서 알아봅시다.

STEP 2 외워 봅시다! TRACK 09-01

☑ **오늘 나오는 단어를 미리 외워 볼까요?**

조용하다 静かだ | 좋아하다 好きだ | 예쁘다, 깨끗하다 きれいだ

요리 料理 | 잘하다, 능숙하다 上手だ

 반짝 반짝! 보물 같은 키워드

'上手だ(잘하다, 능숙하다)'의 반대말은 '下手だ(잘 못하다, 서투르다)', '好きだ(좋아하다)'의 반대
말은 'きらいだ(싫어하다)'입니다. 이 な형용사 앞에는 조사 'が'를 써야 합니다.

배워 봅시다! 🎧 TRACK 09-02 G R A M M A R

1 な형용사의 과거형

な형용사의 과거 긍정형은 어미 'だ'를 떼고 어간에 'だった'를, 과거 부정형은
'じゃなかった'를 붙이면 됩니다.

(1) 과거 긍정

1) 보통체: 〜だ → 〜だった 〜했다

先生は親切だった。[親切だ] 선생님은 친절했다.

日本語は簡単だった。[簡単だ] 일본어는 간단했다.

教室は静かだった。[静かだ] 교실은 조용했다.

2) 정중체: 〜だ → 〜でした 〜했습니다

先生は親切でした。[親切だ] 선생님은 친절했습니다.

日本語は簡単でした。[簡単だ] 일본어는 간단했습니다.

教室は静かでした。[静かだ] 교실은 조용했습니다.

(2) 과거 부정

1) 보통체: 〜だ → 〜じゃ(=では)なかった 〜하지 않았다

先生は親切じゃ(=では)なかった。[親切だ] 선생님은 친절하지 않았다.

日本語は簡単じゃ(=では)なかった。[簡単だ] 일본어는 간단하지 않았다.

教室は静かじゃ(=では)なかった。[静かだ] 교실은 조용하지 않았다.

— 어휘

• **親切だ** 친절하다
• **簡単だ** 간단하다
• **静かだ** 조용하다

2) 정중체: 〜だ → 〜じゃなかった＋です(＝ではありませんでした)
　　　　　 〜하지 않았습니다

先生は親切じゃなかったです(＝親切ではありませんでした)。[親切だ]
선생님은 친절하지 않았습니다.

日本語は簡単じゃなかったです(＝簡単ではありませんでした)。[簡単だ]
일본어는 간단하지 않았습니다.

教室は静かじゃなかったです(＝静かではありませんでした)。[静かだ]
교실은 조용하지 않았습니다.

② 명사문과 な형용사문의 과거 긍정, 과거 부정 비교

명사문과 な형용사문의 과거 긍정 및 과거 부정을 비교하면 다음과 같습니다.

	명사문	な형용사문
현재긍정	これだ 이것이다	親切だ 친절하다
과거긍정	これだった 이것이었다	親切だった 친절했다
현재부정	これじゃ(＝では)ない 이것이 아니다	親切じゃ(＝では)ない 친절하지 않다
과거부정	これじゃ(＝では)なかった 이것이 아니었다	親切じゃ(＝では)なかった 친절하지 않았다

③ な형용사의 연결형과 부사형

그 외 な형용사의 연결형과 부사형은 다음과 같습니다.

보통체	연결형	부사형
〜だ 〜하다	〜で 〜하고, 〜해서	〜に 〜하게

先生は親切で、かわいいです。[親切だ] 선생님은 친절하고, 귀엽습니다.
静かに！ [静かだ] 조용히!

주의! 말아두기

な형용사의 연결형도 い형용사와 마찬가지로 단순한 성질의 나열인 '〜하고'와 원인 혹은 이유를 나타내는 의미인 '〜해서'의 두 가지 의미를 갖고 있어요.

「암기! 한눈에 파악하기」

	활용	예
과거긍정 (보통체)	〜だ ⇒ 〜だった	好きだ(좋아하다) ⇒ 好きだった(좋아했다)
과거긍정 (정중체)	〜だ ⇒ 〜でした	好きだ(좋아하다) ⇒ 好きでした(좋아했습니다)
과거부정 (보통체)	〜だ ⇒ 〜じゃ(=では)なかった	好きだ(좋아하다) ⇒ 好きじゃ(=では)なかった (좋아하지 않았다)
과거부정 (정중체)	〜だ ⇒ 〜じゃなかったです (=ではありませんでした)	好きだ(좋아하다) ⇒ 好きじゃなかったです (=好きではありませんでした) (좋아하지 않았습니다)
연결형	〜だ ⇒ 〜で	好きだ(좋아하다) ⇒ 好きで(좋아하고, 좋아해서)
부사형	〜だ ⇒ 〜に	好きだ(좋아하다) ⇒ 好きに(좋아하게)

연습해 봅시다!

☑ **다음 보기를 이용하여 문장을 만들어 보세요.**

> ⟨보기⟩
>
> 親切だ 친절하다 ┃ きれいだ 예쁘다 ┃ 学生 학생

(1) 친절했다.

_____

(2) 친절하지 않다.

_____

(3) 친절하지 않았다.

_____

(4) 친절했습니다.

_____

(5) 친절하지 않습니다.

_____

(6) 친절하지 않았습니다.

_____

(7) 친절하게, 친절히

_____

(8) 친절하고 예쁜 학생

_____

확인해 봅시다!

☑ **다음 문장 중 색으로 표시된 부분을 주의하며 일본어로 써 보세요.**

(1) 일본은 깨끗했어?

[일본 日本 | 깨끗하다 きれいだ]

_____

(2) 아니, 깨끗하지 않았어.

[아니 ううん | 깨끗하다 きれいだ]

_____

(3) 요리를 잘하는 사람을 좋아합니다.

[요리 料理 | 잘하다 上手だ | 사람 人 | 좋아하다 好きだ]

_____

(4) 일본어는 간단하고 재미있습니다.

[일본어 日本語 | 간단하다 簡単だ | 재미있다 おもしろい]

_____

정답은 288쪽에서
확인하세요!

10 동사 정복하기

STEP 1 오늘의 포인트

☑ **문법 포인트를 미리 파악해 볼까요?**

① 택시가 오다.

② 공부를 하다.

③ 커피를 마시다.

④ 텔레비전을 보다.

 주목! 오늘의 핵심

오늘은 '~하다'와 같이 동작이 행해지는 모습에 대해 살펴봅시다.

STEP 2 외워 봅시다! 🎧 TRACK 10-01

☑ **오늘 나오는 단어를 미리 외워 볼까요?**

오다 来る | 열심히 하다 がんばる | 가다 行く | 공부 勉強

마시다 飲む | 하다 する | 먹다 食べる | 알다, 이해하다 分かる

 반짝 반짝! 보물 같은 키워드

がんばる를 사용한 표현으로는 'がんばって(힘내)', 'がんばれ(힘내라)' 등으로 응원을 할 때 자주
사용합니다.

배워 봅시다! 🎧 TRACK 10-02 　GRAMMAR

① 동사

동사란 사람이나 사물의 동작 및 행동, 즉 움직임을 나타내는 말입니다.

② 동사의 종류

일본어 동사는 1그룹, 2그룹, 3그룹 세 가지의 종류가 있습니다. 이 세 가지 종류의 공통점은 어미가 모두 う단으로 끝난다는 것입니다. 동사에 대해서 살펴볼까요?

(1) 3그룹

'来る(오다)'와 'する(하다)'. 딱! 정말 딱 두 가지뿐입니다. 3그룹 동사는 활용이 불규칙하기 때문에 '불규칙 동사' 또는 '변격 동사'라고 하기도 합니다.

1) 来る(오다)　　　　　　友達が来る。친구가 오다.
2) する(하다)　　　　　　勉強をする。공부를 하다.

(2) 2그룹

어미가 'る'로 끝나며, 'る' 바로 앞의 글자가 い단 또는 え단인 동사를 말합니다.

1) い단+る
見る(보다)　　　　　　テレビを見る。텔레비전을 보다.
いる(있다)　　　　　　猫がいる。고양이가 있다.
起きる(일어나다)　　　6時に起きる。6시에 일어나다.

주의! 알아두기

일본어 동사의 현재형은 미래 시점도 포함하고 있습니다. 주로 미래를 나타내는 말(내일, 다음 주 등)과 쓰이면 미래형으로 해석하도록 문맥을 파악해야 합니다.

주의! 알아두기

3그룹은 딱 두 개뿐이고, 특이한 활용을 많이 하기 때문에 항상 먼저 암기합시다!

--- 어휘

• 友達 친구
• 勉強 공부
• テレビ 텔레비전
• 猫 고양이
• ~時 ~시

2) え단+る

食べる(먹다)　　　　　　パンを食べる。빵을 먹다.

教える(가르치다)　　　　日本語を教える。일본어를 가르치다.

覚える(외우다, 암기하다)　ひらがなを覚える。히라가나를 외우다.

(3) 1그룹

2그룹과 3그룹을 제외한 나머지 동사는 전부 1그룹입니다.

1) 'る'로 끝나지 않는 것(즉 う, く, ぐ, す, つ, ぬ, ぶ, む)

会う(만나다)　　　　　　友達に会う。친구를 만나다.

行く(가다)　　　　　　　日本に行く。일본에 가다.

飲む(마시다)　　　　　　コーヒーを飲む。커피를 마시다.

주의 알아두기

'~을/를'로 해석할지라도 '会う'
는 조사 'に'와 함께, '分かる'는
조사 'が'와 함께 씁니다.

2) 'る'로 끝나더라도 'る' 바로 앞의 글자가 い단 또는 え단이 아닌 것

　(즉 あ단, う단, お단)

分かる(알다)　　　　　　内容が分かる。내용을 알다.

ある(있다)　　　　　　　本がある。책이 있다.

のぼる(오르다)　　　　　山にのぼる。산에 오르다.

3) 예외 1그룹: 겉모습은 2그룹처럼 보이지만 1그룹인 동사

切る(자르다)　　　　　要る(필요하다)

入る(들어가다, 들어오다)　走る(달리다)

帰る(돌아가다, 돌아오다)　知る(알다)

주의 알아두기

원칙이 있으면 예외도 있는 법!
항상 열린 마음으로 예외 1그룹
동사를 받아들이세요. 꼭 암기
가 필요하답니다.

― 어휘

・パン 빵
・日本語 일본어
・ひらがな 히라가나
・日本 일본
・コーヒー 커피
・内容 내용
・本 책
・山 산

「암기! 한눈에 파악하기」

그룹	공식	예
3그룹	来る する	来る(오다) する(하다)
2그룹	1) い단+る 2) え단+る	見る(보다), いる(있다), 起きる(일어나다) 食べる(먹다), 教える(가르치다), 覚える(외우다)
1그룹	1) る로 끝나지 않는 것 2) る로 끝나더라도 る 바로 앞의 글자가 い단 또는 え단이 아닌 것 3) 예외 1그룹	会う(만나다), 行く(가다), 飲む(마시다) 分かる(알다), ある(있다), のぼる(오르다) 切る(자르다), 要る(필요하다)

잠깐! 깨알 정보

'切る'에서 파생된 단어가 그 유명한 'つめ切り(손톱깎이)'랍니다.

연습해 봅시다!

☑ 다음 동사의 그룹을 써 보세요.

동사	그룹
(1) 思^{おも}う 생각하다	
(2) 起^おきる 일어나다	
(3) 書^かく 쓰다	
(4) 教^{おし}える 가르치다	
(5) 来^くる 오다	
(6) 捨^すてる 버리다	
(7) 読^よむ 읽다	
(8) する 하다	

확인해 봅시다!

☑ 다음 동사의 그룹과 뜻을 써 보세요.

동사	그룹	뜻
(1) 来る		
(2) 行く		
(3) 飲む		
(4) 食べる		
(5) がんばる		
(6) する		
(7) 見る		
(8) 切る		

정답은 288쪽에서
확인하세요!

11 동사 ます형 이해하기

오늘의 포인트

☑ **문법 포인트를 미리 파악해 볼까요?**

① 나는 일본인 친구가 있습니다.

② 일본어 공부를 합니다.

③ 내일 일본에 갑니다.

④ 오늘은 일찍 잡니다.

 주목! 오늘의 핵심

명사와 형용사는 끝에 です로 정중한 표현을 만들었습니다. 그럼 동사는 어떻게 정중하게 말할까
요? 정중체인 ます형을 알아봅시다.

외워 봅시다! 🎧 TRACK 11-01

☑ **오늘 나오는 단어를 미리 외워 볼까요?**

오다 来る | 공부 勉強 | 하다 する | 있다(식물, 사물) ある
외우다 覚える | 가다 行く | 마시다 飲む | 자다 寝る

 반짝 반짝! 보물 같은 키워드

일본에서는 대상이 스스로 움직일 수 있느냐 없느냐에 따라 '있다'라는 말을 いる(움직임 O)와 あ
る(움직임 X)로 나누어 사용한다는 것을 잊지 않았죠?

배워 봅시다! 🎧 TRACK 11–02　G R A M M A R

■ 동사의 정중체 ~ます ~합니다, ~하겠습니다

'ます'는 동사에 붙어 우리말의 '~합니다' 또는 '~하겠습니다'에 해당하는 표현입니다. 동사는 자존심이 강하기 때문에 명사와 형용사의 'です'를 사용하지 않고 살짝 첫 글자를 바꾸어 'ます'라는 정중 표현을 만듭니다.

(1) 3그룹

'来る(오다)'와 'する(하다)'는 불규칙적으로 활용되니 암기가 필요합니다.

> 来る(오다) → 来ます(옵니다, 오겠습니다)
>
> する(하다) → します(합니다, 하겠습니다)

友達が来ます。[来る] 친구가 옵니다.
勉強をしますか。[する] 공부를 합니까?

(2) 2그룹

어미 'る'를 떼고 'ます'를 붙입니다. 2그룹은 어미가 'る'로 통일되어 있으므로 간단하게 무조건 'る'만 떼어버리면 됩니다.

> い단 + る
> え단 + る 　→ ます

1) い단 + る → ます
見る(보다) → 見ます(봅니다, 보겠습니다)
いる(있다) → います(있습니다, 있겠습니다)

주의 알아두기

동사의 보통체와 마찬가지로 정중체인 '~ます' 또한 현재형에 미래 시점도 포함합니다.

주의 알아두기

3그룹은 딱 두 개뿐이고, 특이한 활용을 많이 하기 때문에 활용형태를 한 단어처럼 외워두면 헷갈리지 않아요.

── 어휘

・友達 친구
・勉強 공부

2) え단 + る → ます

食べる(먹다) → 食べます(먹습니다, 먹겠습니다)
覚える(외우다) → 覚えます(외웁니다, 외우겠습니다)

テレビを見ます。[見る] 텔레비전을 봅니다.
猫はどこにいますか。[いる] 고양이는 어디에 있습니까?
パンを食べます。[食べる] 빵을 먹습니다.
ひらがなを覚えます。[覚える] 히라가나를 외웁니다.

(3) 1그룹

1그룹은 어미 う단을 い단으로 바꾸고 '**ます**'를 붙입니다. 1그룹은 어미가 통일되어 있지 않기 때문에 뭔가 하나로 통일한다고 보시면 됩니다.

> **(う단) う, く, ぐ, す, つ, ぬ, ぶ, む, る**
>
> ↓
>
> **(い단) い, き, ぎ, し, ち, に, び, み, り + ます**

会う(만나다) → 会います(만납니다, 만나겠습니다)
行く(가다) → 行きます(갑니다, 가겠습니다)
飲む(마시다) → 飲みます(마십니다, 마시겠습니다)
がんばる(힘내다) → がんばります(힘냅니다, 힘내겠습니다)

友達に会います。[会う] 친구를 만납니다.
日本に行きます。[行く] 일본에 갑니다.
コーヒーを飲みます。[飲む] 커피를 마십니다.
もっとがんばります。[がんばる] 좀 더 힘내겠습니다.

잠깐, 깨알 정보

'がんばる'는 '열심히 하다', '노력하다', '힘내다' 등의 의미를 갖고 있는 동사입니다.

──── 어휘

· **テレビ** 텔레비전
· **猫** 고양이
· **パン** 빵
· **ひらがな** 히라가나
· **コーヒー** 커피
· **もっと** 좀 더

「암기! 한눈에 파악하기」

그룹	공식
3그룹	来る→来ます する→します
2그룹	い단+<s>る</s> え단+<s>る</s> →ます
1그룹 (예외1그룹 포함)	う단→い단+ます

주의! 알아두기

예외 1그룹은 어미가 모두 'る'로 끝나기 때문에 2그룹처럼 보입니다. 그러나 모두 'る'의 い단인 'り'로 바꾸고 'ます'를 붙이면 됩니다.

연습해 봅시다!

☑ 다음 동사가 속하는 그룹을 쓰고, ます형으로 고쳐 보세요.

동사	그룹	ます형
(1) 起きる 일어나다		
(2) 洗う 씻다		
(3) 読む 읽다		
(4) 行く 가다		
(5) ある 있다(식물, 사물)		
(6) する 하다		
(7) 休む 쉬다		
(8) 飲む 마시다		
(9) 寝る 자다		
(10) いる 있다(동물, 사람)		

확인해 봅시다!

☑ **다음 문장 중 색으로 표시된 부분을 주의하며 일본어로 써 보세요.**

(1) 나는 일본인 친구가 있습니다.

[나 私 | 일본인 日本人 | 친구 友達 | 있다 いる]

_____

(2) 일본어 공부를 합니다.

[일본어 日本語 | 공부 勉強 | 하다 する]

_____

(3) 내일 일본에 갑니다.

[내일 明日 | 일본 日本 | 가다 行く]

_____

(4) 오늘은 일찍 잡니다.

[오늘 今日 | 일찍 早く | 자다 寝る]

_____

정답은 288쪽에서
확인하세요!

동사 ます의 활용 표현하기

오늘의 포인트

☑ **문법 포인트를 미리 파악해 볼까요?**

① 일본어 공부, 열심히 합시다.

② 네, 알겠습니다.

③ A: 영화 볼까요? B: 미안해요…. 봤어요.

④ 커피는 마십니다만, 콜라는 마시지 않습니다.

 주목! 오늘의 핵심

앞에서 동사에 ます를 붙여 정중체를 만드는 법을 공부했었습니다. 이 ます를 약간 변형만 하면 동사의 부정형과 과거형 그리고 권유 표현을 만들 수 있답니다. 자 그럼 지금부터 알아봅시다.

외워 봅시다! 🎧TRACK 12-01

☑ **오늘 나오는 단어를 미리 외워 볼까요?**

일어나다 起きる | 영화 映画 | 보다 見る | 가다 行く | 걷다 歩く

마시다 飲む | 열심히 하다 がんばる | 알다, 이해하다 分かる

 반짝 반짝! 보물 같은 키워드

知る가 '단순하게 어떤 사실을 안다'라고 한다면, 分かる는 '내용을 구체적으로 이해하거나, 자세히 알고 있다'라고 할 때 사용합니다. 따라서 '네 마음은 알아'라고 할 때는 'あなたの気持ちは分かるよ'라고 하면 됩니다.

배워 봅시다!

1 ます의 다양한 활용

앞에서 공부했던 'ます'자리에 'ません', 'ました', 'ませんでした', 'ましょう'를 넣으면 각각 현재 부정, 과거, 과거 부정, 권유형의 형태를 만들 수 있습니다. ます형만 정확히 하면 나머지는 그대로 대입만 하면 됩니다. 헷갈리지 않게 정확하게 암기한 후 반복해서 연습해 보세요.

(1) 3그룹

'来る(오다)'와 'する(하다)'는 불규칙적으로 활용되니 암기가 필요합니다.

	ます형 활용	예
현재부정	~ません	来ません 오지 않습니다, しません 하지 않습니다
과거긍정 과거부정	~ました ~ませんでした	来ました 왔습니다, しました 했습니다 来ませんでした 오지 않았습니다, しませんでした 하지 않았습니다
권유	~ましょう	来ましょう 옵시다, しましょう 합시다

毎日、運動をしました。[する] 매일 운동을 했습니다.
友達がうちに来ました。[来る] 친구가 우리 집에 왔습니다.

주의 알아두기

'~ましょう'의 뒤에 'か'가 붙으면 '~할까요?'와 같은 정중한 권유 표현이 됩니다.

― 어휘
• 毎日 매일
• 運動 운동
• うち 우리 집, 우리

(2) 2그룹

어미 'る'를 떼고 'ます'를 붙인 것과 동일하게 붙이면 됩니다.

	ます형 활용	예
현재부정	~ません	食べません 먹지 않습니다
과거긍정 과거부정	~ました ~ませんでした	食べました 먹었습니다 食べませんでした 먹지 않았습니다
권유	~ましょう	食べましょう 먹읍시다

今日は何時に起きましたか。[起きる] 오늘은 몇 시에 일어났습니까?
先週は映画を見ました。[見る] 지난주에는 영화를 보았습니다.

(3) 1그룹

1그룹은 어미 う단을 い단으로 바꾸고 'ます'를 붙인 것과 동일하게 붙이면
됩니다.

	ます형 활용	예
현재부정	~ません	飲みません 마시지 않습니다
과거긍정 과거부정	~ました ~ませんでした	飲みました 마셨습니다 飲みませんでした 마시지 않았습니다
권유	~ましょう	飲みましょう 마십시다

今日は学校へ行きません。[行く] 오늘은 학교에 가지 않습니다.
駅まで歩きましょう。[歩く] 역까지 걸읍시다.

주의! 알아두기

'~ません'의 뒤에 'か'가 붙으면
'~하지 않습니까?' 외에 '~하
지 않을래요?' 같은 권유 표현도
된다는 것을 기억해 두세요.

■ 어휘

· 食べる 먹다
· 今日 오늘
· 何時 몇 시
· 先週 지난주
· 映画 영화
· 飲む 마시다
· 学校 학교
· ~へ ~에
· 駅 역
· ~まで ~까지
· 歩く 걷다

2 조사 が

(1) 주격 조사 ~이/가

へやに 妹がいます。 방에 여동생이 있습니다.

私はケータイがありません。 나는 휴대전화가 없습니다.

風が吹きます。 바람이 붑니다.

(2) 문장 연결 및 역접 ~이지만, ~하지만

カクテルは飲みますが、ビールは飲みません。
칵테일은 마십니다만, 맥주는 마시지 않습니다.

すしは食べますが、なっとうは食べません。
초밥은 먹습니다만, 낫토는 먹지 않습니다.

私は日本語はできますが、英語はできません。
나는 일본어는 할 수 있습니다만, 영어는 못합니다.

 주의! 알아두기

주격 조사이지만 뒤에 오는 동사에 따라 예외적으로 '~을/를'로 해석하는 경우가 있다는 것을 기억해 두세요.

— 어휘

· **へや** 방
· **妹** 여동생
· **ケータイ** 휴대전화
· **風** 바람
· **吹く** 불다
· **カクテル** 칵테일
· **飲む** 마시다
· **ビール** 맥주
· **すし** 초밥
· **なっとう** 낫토
· **日本語** 일본어
· **英語** 영어
· **できる** 할 수 있다

연습해 봅시다!

☑ **다음 보기의 동사를 ます형을 활용하여 문장을 만들어 보세요.**

〈보기〉

飲む 마시다

(1) 마십니다.

_____

(2) 마시지 않습니다.

_____

(3) 마셨습니다.

_____

(4) 마셨습니까?

_____

(5) 마시지 않았습니다.

_____

(6) 마십시다.

_____

확인해 봅시다!

☑ **다음 문장 중 색으로 표시된 부분을 주의하며 일본어로 써 보세요.**

(1) 일본어 공부, 열심히 합시다.

[일본어 日本語 | 공부 勉強 | 열심히 하다 がんばる]

_____

(2) 네, 알겠습니다.

[네 はい | 알다 分かる]

_____

(3) A:영화 볼까요? B:미안해요…. 봤어요.

[영화 映画 | 보다 見る | 미안합니다 すみません]

_____

(4) 커피는 마십니다만, 콜라는 마시지 않습니다.

[커피 コーヒー | 마시다 飲む | 콜라 コーラ]

_____

정답은 288쪽에서
확인하세요!

UNIT 13 동사 ます형 활용하기 (1)

STEP 1 오늘의 포인트

☑ **문법 포인트를 미리 파악해 볼까요?**

① 친구를 만나러 일본에 갑니다.

② 커피 마시러 갈까요?

③ 식사하러 가지 않겠습니까?

④ 친구가 놀러 왔습니다.

 주목! 오늘의 핵심

'~하러'라는 행위 또는 이동의 목적을 나타내는 표현에 대해 알아봅시다.

STEP 2 외워 봅시다! TRACK 13-01

☑ **오늘 나오는 단어를 미리 외워 볼까요?**

마시다 飲む | 놀다 遊ぶ | 식사 食事 | 산책 散歩
여행 旅行 | 공부 勉強 | 만나다 会う

 반짝 반짝! 보물 같은 키워드

일본어로 '공부'는 工夫가 아니라 勉強라고 합니다. 참고로 工夫는 '여러 가지로 궁리한다, 고안한다'라는 뜻입니다.

배워 봅시다! ∩TRACK 13-02　　G R A M M A R

1 동사의 ます형

'～ます'는 '～합니다'라는 뜻으로 동사의 정중체라고 배웠지요. 여기서 ます형은 'ます'가 붙기 위해 변화한 동사의 형태를 말합니다. ます형이 무엇인지 좀 더 구체적으로 살펴볼까요?

그룹	활용	예
3그룹	불규칙	来る → 来ます する → します
2그룹	る → ます	食べる → 食べます 見る → 見ます
1그룹	う단 → い단+ます	会う → 会います 乗る → 乗ります *帰る → 帰ります *入る → 入ります

*예외 1그룹 동사도 마찬가지로 1그룹 활용을 합니다.

'ます'자리에 'ます'를 넣지 않고 새로운 단어를 넣어 여러 가지 문형을 만들 수 있습니다. 이를 'ます형의 활용'이라고 하며 이는 아주 유용하니 반드시 숙지하셔야 합니다.

주의! 알아두기

즉, 'ます'가 붙기 전의 '来, し, 食べ, 見, 会い, 乗り, 帰り, 入り'까지의 형태를 ます형이라고 하는 것입니다!

② 동사ます형 + に ~하러

ます형을 활용하여 목적을 나타낼 수 있습니다. 이 때의 'に'는 '~하러'라는 목적을 나타냅니다.

> 3그룹: 来る 오다 → 来 → 来に 오러
>
> する 하다 → し → しに 하러
>
> 2그룹: 食べる 먹다 → 食べ → 食べに 먹으러
>
> 1그룹: 飲む 마시다 → 飲み → 飲みに 마시러

友達とビールを飲みに行きます。[飲む] 친구와 맥주를 마시러 갑니다.

遊びに来ました。[遊ぶ] 놀러 왔습니다.

ご飯を食べに行きます。[食べる] 밥을 먹으러 갑니다.

목적을 나타내는 말 뒤에는 '行く(가다)', '来る(오다)', '帰る(돌아가다, 돌아오다)', 'もどる(되돌아오다)' 등 이동 동사가 옵니다.

어휘

· 友達 친구
· 遊ぶ 놀다
· ご飯 밥

③ 동작성 명사 + に ~하러

명사는 사람이나 사물의 이름을 나타내므로 보통 동작이나 작용을 나타내지 않습니다. 그런데 이러한 일반 명사와 달리 명사 자체에 동작을 포함하고 있는 명사들이 있습니다. 예를 들면 식사, 산책, 여행, 운동, 공부, 일 등입니다. 이러한 명사를 '동작성 명사'라고 합니다.

 주의! 알아두기

이런 명사는 명사 자체에 동작이 포함되어 있으므로 동사 없이 명사에 바로 'に'를 붙여 목적을 나타낼 수 있습니다.

> 食事(식사) + に 식사하러
>
> 散歩(산책) + に 산책하러
>
> 旅行(여행) + に 여행하러
>
> 運動(운동) + に 운동하러
>
> 勉強(공부) + に 공부하러
>
> 仕事(일) + に 일하러

食事に行きませんか。식사하러 가지 않겠습니까?
旅行に行きましょうか。여행하러 갈까요?
明日は仕事に行きません。내일은 일하러 가지 않습니다.

「암기! 한눈에 파악하기」

접속 형태	의미
동사의 ます형 + に 동작성 명사 + に	~하러

— 어휘

• 明日 내일

86

연습해 봅시다!

☑ **다음 보기를 이용하여 문장을 만들어 보세요.**

〈보기〉

ラーメン 라면 ㅣ 食べる 먹다 ㅣ 行く 가다 ㅣ 来る 오다
遊ぶ 놀다 ㅣ 友達 친구 ㅣ 〜に会う 〜을/를 만나다

(1) 라면을 먹으러 갑니다.

_____

(2) 라면을 먹으러 왔습니다.

_____

(3) 놀러 갈까요?

_____

(4) 놀러 왔습니다.

_____

(5) 친구를 만나러 갑니다.

_____

(6) 친구를 만나러 왔습니다.

_____

확인해 봅시다!

EXERCISE

☑ 다음 문장 중 색으로 표시된 부분을 주의하며 일본어로 써 보세요.

(1) 친구를 만나러 일본에 갑니다.

[친구 友達 | ~을/를 만나다 ~に会う | 일본 日本 | 가다 行く]

_____

(2) 커피 마시러 갈까요?

[커피 コーヒー | 마시다 飲む | 가다 行く]

_____

(3) 식사하러 가지 않겠습니까?

[식사 食事 | 가다 行く]

_____

(4) 친구가 놀러 왔습니다.

[친구 友達 | 놀다 遊ぶ | 오다 来る]

_____

정답은 288쪽에서 확인하세요!

14 동사 ます형 활용하기(2)

STEP
1

오늘의 포인트

☑ 문법 포인트를 미리 파악해 볼까요?

① 커피를 마시면서 이야기할까요?

② 음악을 들으면서 운동을 합니다.

③ 어제는 과음했습니다.

④ 지나치게 잤습니다.

 주목! 오늘의 핵심

ます형을 활용하여 동시 동작 표현과 무언가를 지나치게 했다는 표현을 만들 수 있습니다.

STEP
2

외워 봅시다! 🎧 TRACK 14-01

☑ 오늘 나오는 단어를 미리 외워 볼까요?

친구 友達 | 이야기하다 話す | 음악 音楽 | 듣다 聞く

담배 タバコ | 피우다 吸う | 기다리다 待つ | 운동 運動

 반짝 반짝! 보물 같은 키워드

聞く는 '듣다'와 '묻다' 두 가지 뜻이 있답니다.

배워 봅시다! 🎧 TRACK 14-02   G R A M M A R

1 동사 ます형 + ながら ~하면서

동사의 ます형에 'ながら'를 접속하면 두 가지 동작이 동시에 이루어지는 동
시 동작을 나타냅니다.

3그룹: 来る 오다 → 来^き → 来^きながら 오면서

する 하다 → し → しながら 하면서

2그룹: 食^たべる 먹다 → 食^たべ → 食^たべながら 먹으면서

1그룹: 飲^のむ 마시다 → 飲^のみ → 飲^のみながら 마시면서

友達^{ともだち}とビールを飲^のみながら話^{はな}します。[飲^のむ]
친구와 맥주를 마시면서 이야기합니다.

パンを食^たべながらテレビを見^みます。[食^たべる]
빵을 먹으면서 텔레비전을 봅니다.

勉強^{べんきょう}をしながら音楽^{おんがく}を聞^ききます。[する]
공부를 하면서 음악을 듣습니다.

어휘

• **ビール** 맥주
• **話^{はな}す** 이야기하다
• **パン** 빵
• **テレビ** 텔레비전
• **見^みる** 보다
• **勉強^{べんきょう}** 공부
• **音楽^{おんがく}** 음악
• **聞^きく** 듣다

☑ 동사 ます형 + すぎる 지나치게 ~하다

동사의 ます형에 '지나치다'라는 뜻의 'すぎる'를 접속하면 어떤 동작을 도를 넘게 한다는 의미입니다. 이것은 행동이 좀 과하다는 의미로 부정적 이미지가 있습니다.

> 3그룹: 来る 오다 → 来 → 来すぎる 지나치게 오다
>
> する 하다 → し → しすぎる 지나치게 하다
>
> 2그룹: 食べる 먹다 → 食べ → 食べすぎる 지나치게 먹다
>
> 1그룹: 飲む 마시다 → 飲み → 飲みすぎる 지나치게 마시다

昨日は飲みすぎました。[飲む] 어제는 과음했습니다(지나치게 마셨습니다).

食べすぎました。[食べる] 과식했습니다(지나치게 먹었습니다).

寝すぎました。[寝る] 지나치게 잤습니다.

주의 알아두기

동사와 すぎる가 결합하면 결국 る로 끝나고 앞 글자가 い단인 2그룹 동사가 되므로 2그룹 활용을 한다는 것을 잊지 마세요.

예) すぎる 지나치다
→ すぎます 지나칩니다

주의 알아두기

'~すぎる'에서 'る'를 뗀 '~すぎ'만 접속하면 명사가 된답니다. 이것을 '동사의 명사화'라고 합니다. 자세한 내용은 UNIT17을 참고하세요.

예) 食べすぎ 과식
飲みすぎ 과음

─ 어휘
· 昨日 어제
· 寝る 자다

3 형용사 어간 + すぎる 너무 ~하다

い형용사나 な형용사의 어간에 'すぎる'를 접속하면 마찬가지로 어떤 상태가 지나치다는 의미입니다.

高^{たか}すぎる。[高^{たか}い] 너무 비싸다, 너무 높다.
早^{はや}すぎる。[早^{はや}い] 너무 빠르다, 너무 이르다.
静^{しず}かすぎる。[静^{しず}かだ] 너무 조용하다.
複雑^{ふくざつ}すぎる。[複雑^{ふくざつ}だ] 너무 복잡하다.

「암기! 한눈에 파악하기」

접속 형태	의미
동사 ます형 + ながら	~하면서
동사 ます형 + すぎる	지나치게 ~하다
형용사 어간 + すぎる	너무 ~하다

어휘
· 高^{たか}い 비싸다, 높다
· 早^{はや}い 빠르다, 이르다
· 静^{しず}かだ 조용하다
· 複雑^{ふくざつ}だ 복잡하다

연습해 봅시다!

☑ **다음 보기를 이용하여 문장을 만들어 보세요.**

〈보기〉

お酒 술 ｜ 飲む 마시다 ｜ タバコ 담배 ｜ 吸う 피우다
本 책 ｜ 読む 읽다 ｜ 友達 친구 ｜ 待つ 기다리다 ｜ 遊ぶ 놀다

(1) 술을 마시면서 담배를 피웁니다.

_____

(2) 담배를 피우면서 술을 마십니다.

_____

(3) 책을 읽으면서 친구를 기다립니다.

_____

(4) 친구를 기다리면서 책을 읽습니다.

_____

(5) 지나치게 놀다.

_____

(6) 지나치게 마시다.

_____

확인해 봅시다!

EXERCISE

☑ **다음 문장 중 색으로 표시된 부분을 주의하며 일본어로 써 보세요.**

(1) 커피를 마시면서 이야기할까요?

[커피 コーヒー | 마시다 飲む | 이야기하다 話す]

_____

(2) 음악을 들으면서 운동을 합니다.

[음악 音楽 | 듣다 聞く | 운동 運動 | 하다 する]

_____

(3) 어제는 과음했습니다.

[어제 昨日 | 마시다 飲む]

_____

(4) 지나치게 잤습니다.

[자다 寝る]

_____

정답은 289쪽에서
확인하세요!

UNIT 15 동사 ます형 활용하기 (3)

STEP 1 오늘의 포인트

☑ 문법 포인트를 미리 파악해 볼까요?

① 일본에 놀러 가고 싶습니다.

② 오늘은 공부하고 싶지 않습니다.

③ 맛있는 라면을 먹고 싶었습니다.

④ 일본인 친구를 갖고 싶습니다.

 주목! 오늘의 핵심

'~하고 싶다'와 같은 화자의 '희망'을 나타내는 표현에 대해 알아봅시다.

STEP 2 외워 봅시다! 🎧 TRACK 15-01

☑ 오늘 나오는 단어를 미리 외워 볼까요?

먹다 食べる │ 만나다 会う │ 되다 なる │ 좋다 いい │ 행복하다 幸せだ

갖고 싶다, 원하다 ほしい │ 이야기하다 話す │ 놀다 遊ぶ

 반짝 반짝! 보물 같은 키워드

帰る는 '돌아가다, 돌아오다' 두 가지 의미로 다 쓰인다는 것을 주의하세요.

배워 봅시다! 🎧 TRACK 15-02   G R A M M A R

❶ 1, 2인칭의 희망: ~が + 동사 ます형 + たい
~을/를 ~하고 싶다

ます형에 'たい'를 접속하면 '희망' 즉, '~하고 싶다'라는 문형을 만들 수 있습니다. 희망 표현은 인칭에 따라 달라지는데, '~たい'는 무엇인가를 하고 싶다는 1, 2인칭의 희망 표현을 나타냅니다. 대개 2인칭의 희망 표현은 질문 형태로 만들어지는데, 상대방에게 직접적으로 물어볼 경우 실례가 될 수도 있으니 주의해야 합니다.

> 3그룹: 来る 오다 → 来 → 来たい 오고 싶다
>
> する 하다 → し → したい 하고 싶다
>
> 2그룹: 食べる 먹다 → 食べ → 食べたい 먹고 싶다
>
> 1그룹: 飲む 마시다 → 飲み → 飲みたい 마시고 싶다

水が飲みたい。[飲む] 물을 마시고 싶다.

パンが食べたい。[食べる] 빵을 먹고 싶다.

友達に会いたい。[会う] 친구를 만나고 싶다.

 주의 알아두기

이 때 주의 할 것은 바로 조사! '会う(만나다)'나 '乗る(타다)'와 같은 특정 동사를 제외하고 희망의 대상은 원칙적으로 'が'를 사용합니다. 하지만 현대 일본어에서는 'を'를 사용하기도 합니다.

— 어휘

• 水 물
• ~に会う ~을/를 만나다

❷ たい의 활용

'~たい'는 어미가 'い'로 끝나므로 い형용사와 동일하게 활용하면 됩니다.

		い형용사	たい
보통체	현재긍정	おもしろい 재미있다	食べたい 먹고 싶다
	현재부정	おもしろくない 재미있지 않다	食べたくない 먹고 싶지 않다
	과거긍정	おもしろかった 재미있었다	食べたかった 먹고 싶었다
	과거부정	おもしろくなかった 재미있지 않았다	食べたくなかった 먹고 싶지 않았다
정중체	현재긍정	おもしろいです 재미있습니다	食べたいです 먹고 싶습니다
	현재부정	おもしろくないです 재미있지 않습니다	食べたくないです 먹고 싶지 않습니다
	과거긍정	おもしろかったです 재미있었습니다	食べたかったです 먹고 싶었습니다
	과거부정	おもしろくなかったです 재미있지 않았습니다	食べたくなかったです 먹고 싶지 않았습니다
연결형		おもしろくて 재미있고, 재미있어서	食べたくて 먹고 싶고, 먹고 싶어서

— 어휘

• **おもしろい** 재미있다

3 ~に/くなる ~이/가 되다,~하게 되다/해지다

'되다'라는 뜻을 가진 동사 'なる' 앞에 명사가 오면 '~이/가'라는 조사 'が' 대신 조사 'に'를 사용해서 '~이/가 되다'라는 표현이 됩니다. 또한 い형용사의 부사형, な형용사의 부사형에 접속하면 '~하게 되다, ~해지다'라는 표현이 됩니다.

품사	접속 형태	예
명사	명사 + になる	先生になる 선생님이 되다
い형용사	い형용사 어간 + くなる	かわいくなる 귀여워지다
な형용사	な형용사 어간 + になる	きれいになる 예뻐지다

医者になりたいです。 의사가 되고 싶습니다.
天気がよくなりました。 [いい] 날씨가 좋아졌습니다.
幸せになりたい。 [幸せだ] 행복해지고 싶다.

4 명사 + がほしい ~을/를 갖고 싶다, 원하다

무엇인가 '갖고 싶다, 원하다'라는 1, 2인칭의 희망표현을 나타냅니다. 'たい'와 희망을 표현한다는 점에서는 동일하나 'たい'는 동사 ます형에 직접 접속하고, 'ほしい'는 '명사+조사 が'에 접속한다는 차이가 있습니다.

	보통체	정중체
현재 긍정	~がほしい ~을/를 갖고 싶다	~がほしいです ~을/를 갖고 싶습니다
현재 부정	~がほしくない ~을/를 갖고 싶지 않다	~がほしくないです ~을/를 갖고 싶지 않습니다
과거 긍정	~がほしかった ~을/를 갖고 싶었다	~がほしかったです ~을/를 갖고 싶었습니다
과거 부정	~がほしくなかった ~을/를 갖고 싶지 않았다	~がほしくなかったです ~을/를 갖고 싶지 않았습니다

車がほしい。 차를 갖고 싶다.
恋人がほしいです。 애인을 갖고 싶습니다.
おもちゃがほしかった。 장난감을 갖고 싶었다.

주의! 알아두기

ほしい는 그 자체가 무엇인가 갖고 싶다는 상태를 나타내는 완전한 い형용사입니다. 따라서 당연히 い형용사 활용을 하겠지요?

ㅡ 어휘

• 医者 의사
• 天気 날씨
• 幸せだ 행복하다
• 車 차
• 恋人 애인
• おもちゃ 장난감

연습해 봅시다!

☑ **다음 보기를 이용하여 문장을 만들어 보세요.**

〈보기〉

ラーメン 라면 ┃ 食べる 먹다 ┃ おもしろい 재미있다 ┃ 映画 영화 ┃ 見る 보다
友達 친구 ┃ 新しい 새롭다 ┃ ケータイ 휴대전화 ┃ 先生 선생님
~と ~와/과 ┃ 話す 이야기하다 ┃ 彼女 여자친구 ┃ ~に会う ~을/를 만나다

(1) 라면을 먹고 싶습니다.

_____

(2) 재미있는 영화를 보고 싶습니다.

_____

(3) 친구가 되고 싶습니다.

_____

(4) 새로운 휴대전화를 갖고 싶습니다.

_____

(5) 선생님과 이야기하고 싶습니다.

_____

(6) 여자친구를 만나고 싶습니다.

_____

☑ **다음 문장 중 색으로 표시된 부분을 주의하며 일본어로 써 보세요.**

(1) 일본에 놀러 가고 싶습니다.

[일본 日本 | 놀다 遊ぶ | 가다 行く]

_____

(2) 오늘은 공부하고 싶지 않습니다.

[오늘 今日 | 공부하다 勉強する]

_____

(3) 맛있는 라면을 먹고 싶었습니다.

[맛있다 おいしい | 라면 ラーメン | 먹다 食べる]

_____

(4) 일본인 친구를 갖고 싶습니다.

[일본인 日本人 | 친구 友達]

_____

정답은 289쪽에서
확인하세요!

STEP
1
오늘의 포인트

☑ **문법 포인트를 미리 파악해 볼까요?**

① 아이는 놀고 싶어 합니다.

② 사람은 쉬고 싶어 합니다.

③ 아이는 장난감을 갖고 싶어 합니다.

④ 인간은 돈을 갖고 싶어 한다.

 주목! 오늘의 핵심

나와 너의 희망이 아닌 제3자의 희망 표현에 대해 알아봅시다.

STEP
2
외워 봅시다! 🎧 TRACK 16-01

☑ **오늘 나오는 단어를 미리 외워 볼까요?**

아이 子供 | 인간 人間 | 사람 人 | 차 車

장난감 おもちゃ | 쉬다 休む | 놀다 遊ぶ | 돈 お金

 반짝 반짝! 보물 같은 키워드

人는 '사람'이란 뜻도 있지만 '남, 타인'이라는 뜻도 있다는 것을 알아두세요.

1 일반적인 제3자의 희망

(1) 〜を + 동사 ます형 + たがる ~을/를 ~하고 싶어 하다

ます형에 'たがる'를 접속하면 '〜을/를 ~하고 싶어 하다'라는 제3자의 희망 표현을 나타낼 수 있습니다. 주의할 점은 제3자가 일반적인 제3자인지, 아니면 나와 관련되어 있는 제3자인지의 여부에 따라 표현이 달라진다는 것입니다. 일반적인 제3자란 여자, 남자, 부모, 아이 등이고, 나와 관련되어 있는 제3자는 내 여자친구, 내 남자친구, 우리 엄마, 우리 아이 등을 말합니다.

3그룹: 来る 오다 → 来 → 来たがる 오고 싶어 하다

する 하다 → し → したがる 하고 싶어 하다

2그룹: 食べる 먹다 → 食べ → 食べたがる 먹고 싶어 하다

1그룹: 飲む 마시다 → 飲み → 飲みたがる 마시고 싶어 하다

 주의해 알아두기

'〜たがる'는 희망의 대상에 조사 'を'를 씁니다.

子供はあめを食べたがる。[食べる] 아이는 사탕을 먹고 싶어 한다.
子供は勉強をしたがらない。[する] 아이는 공부를 하고 싶어 하지 않는다.
人間は死にたがりません。[死ぬ] 인간은 죽고 싶어 하지 않습니다.

— 어휘

· **子供** 아이
· **あめ** 사탕
· **勉強** 공부
· **人間** 인간
· **死ぬ** 죽다

(2) 명사 + をほしがる ~을/를 갖고 싶어 하다

무엇인가 '갖고 싶어 하다'라는 제3자의 희망 표현을 나타냅니다. 'たがる'와 희망을 표현한다는 점에서는 동일하나 'たがる'는 동사 **ます**형에 직접 접속하고 'ほしがる'는 '명사+조사 **を**'에 접속한다는 차이가 있습니다.

<ruby>男<rt>おとこ</rt></ruby>の<ruby>人<rt>ひと</rt></ruby>は<ruby>車<rt>くるま</rt></ruby>をほしがる。 남자는 차를 갖고 싶어 한다.

<ruby>子供<rt>こども</rt></ruby>はおもちゃをほしがります。 아이는 장난감을 갖고 싶어 합니다.

<ruby>人<rt>ひと</rt></ruby>は<ruby>休<rt>やす</rt></ruby>みをほしがる。 사람은 휴식을 갖고 싶어 한다.

 잠깐! 깨알 정보

'<ruby>休<rt>やす</rt></ruby>み'는 '휴일', '휴가', '방학', '휴식' 등의 의미를 갖고 있는 명사입니다.

(3) ~たがる/ほしがる의 활용

'~たがる'와 '~ほしがる'는 어미가 'る'로 끝나고 앞 글자가 あ단인 1그룹 동사입니다. 따라서 1그룹 활용을 하면 됩니다.

	~を~たがる	~をほしがる
현재 긍정	~を~たがります ~을/를 ~하고 싶어 합니다	~をほしがります ~을/를 갖고 싶어 합니다
현재 부정	~を~たがりません ~을/를 ~하고 싶어 하지 않습니다	~をほしがりません ~을/를 갖고 싶어 하지 않습니다
과거 긍정	~を~たがりました ~을/를 ~하고 싶어 했습니다	~をほしがりました ~을/를 갖고 싶어 했습니다
과거 부정	~を~たがりませんでした ~을/를 ~하고 싶어 하지 않았습니다	~をほしがりませんでした ~을/를 갖고 싶어 하지 않았습니다

— 어휘

· <ruby>男<rt>おとこ</rt></ruby>の<ruby>人<rt>ひと</rt></ruby> 남자
· <ruby>車<rt>くるま</rt></ruby> 차
· **おもちゃ** 장난감
· <ruby>休<rt>やす</rt></ruby>み 휴식

② 나와 관련된 제3자의 희망

일반적인 제3자와 달리 내 여자친구, 내 남자친구, 우리 엄마, 우리 아이 등과 같이 나와 관계를 맺고 있는 제3자의 희망을 나타내는 표현입니다.

(1) ～を + 동사 ます형 + たがっている ~을/를 ~하고 싶어 하다

私の妹は結婚をしたがっている。[する]
내 여동생은 결혼을 하고 싶어 한다.

うちの母は肉を食べたがっている。[食べる]
우리 엄마는 고기를 먹고 싶어 한다.

(2) 명사 + をほしがっている ~을/를 갖고 싶어 하다

父は車をほしがっている。
아빠는 차를 갖고 싶어 한다.

彼女は新しいかばんをほしがっている。
여자친구는 새로운 가방을 갖고 싶어 한다.

③ ～たがる/ほしがる와
～たがっている/ほしがっている의 차이

제3자의 희망을 표현하는 '～たがる/ほしがる'와 '～たがっている/ほしが っている'는 '언제' 그 대상이나 행위를 희망하는 지에 따라 차이가 있습니다. '～たがる/ほしがる'는 '막연하게, 일반적으로, 습관적으로' 희망한다는 뉘앙 스라면 '～たがっている/ほしがっている'는 '지금 이 순간에' 희망하고 있다 는 뉘앙스를 가지고 있습니다. 때문에 '지금 이 순간에' 희망하고 있다는 것을 알 정도라면 제3자는 나와 관련이 있는 제3자이겠지요?

주의! 알아두기

이 세상의 모든 여동생, 모든 부모님, 모든 여자친구가 아니라 나의 여동생, 나의 부모님, 나의 여자친구의 희망 표현을 나타낼 때 '～たがっている, ～をほ しがっている'를 쓰는 것입니다.

주의! 알아두기

나와 관련된 제3자일지라도 그 대상의 습관적 성향이 그러하다 면 '～たがる/ほしがる'를 사용 할 수도 있습니다.

예) 部長はいつも一人で
歌を歌いたがる。
부장님은 항상 혼자서 노래 를
부르고 싶어 한다.

— 어휘

· 妹 여동생
· 結婚 결혼
· 肉 고기
· 車 차
· 新しい 새롭다

104

연습해 봅시다!

☑ **다음 보기를 이용하여 문장을 만들어 보세요.**

〈보기〉

食べる 먹다 | 飲む 마시다 | 会う 만나다
行く 가다 | 休む 쉬다 | 寝る 자다

〈일반적인 제3자〉

(1) 먹고 싶어 한다.

_____

(2) 마시고 싶어 한다.

_____

(3) 만나고 싶어 한다.

_____

〈나와 관련된 제3자〉

(4) 가고 싶어 한다.

_____

(5) 쉬고 싶어 한다.

_____

(6) 자고 싶어 한다.

_____

확인해 봅시다!

☑ **다음 문장 중 색으로 표시된 부분을 주의하며 일본어로 써 보세요.**

(1) 아이는 놀고 싶어 합니다.

[아이 子供 | 놀다 遊ぶ]

_____

(2) 사람은 쉬고 싶어 합니다.

[사람 人 | 쉬다 休む]

_____

(3) 아이는 장난감을 갖고 싶어 합니다.

[아이 子供 | 장난감 おもちゃ]

_____

(4) 인간은 돈을 갖고 싶어 한다.

[인간 人間 | 돈 お金]

_____

정답은 289쪽에서
확인하세요!

UNIT 17 동사 ます형 활용하기(5)

STEP 1 오늘의 포인트

☑ 문법 포인트를 미리 파악해 볼까요?

① 선생님의 설명은 알기 쉽습니다.

② 한자는 외우기 어렵습니다.

③ 한자 읽는 법이 어렵습니다.

④ 안녕히 주무세요.

 주목! 오늘의 핵심

'~하기 쉽다', '~하기 어렵다', '~하는 법', '~하세요'와 같은 표현들은 ます형만 정확히 알고 있다면 해결됩니다.

STEP 2 외워 봅시다! 🎧 TRACK 17-01

☑ 오늘 나오는 단어를 미리 외워 볼까요?

설명 説明 ㅣ 알다, 이해하다 分かる ㅣ 사용하다 使う ㅣ 쇼핑 買い物
음식 食べ物 ㅣ 읽다 読む ㅣ 한자 漢字 ㅣ 외우다 覚える

 반짝 반짝! 보물 같은 키워드

동사 ます형에 物가 붙으면 명사가 될 수 있습니다. 대표적으로 '食べ物(음식)'와 '飲み物(음료)', '買い物(쇼핑)'가 동사 ます형에 物가 붙어 명사가 된 단어랍니다.

배워 봅시다! 🎧 TRACK 17-02   G R A M M A R

1 동사 ます형 + やすい ~하기 쉽다/편하다/좋다

동사의 ます형에 'やすい'를 접속하면 '~하기 쉽다/편하다/좋다'의 의미를 갖게 됩니다. 한자로는 '易い'라고 쓰지만 대부분 히라가나로 표기합니다.

주의! 알아두기

'싸다'라는 뜻의 '安い'와 혼동하지 않도록 주의해야 합니다.

> 3그룹: 来る 오다 → 来 → 来やすい 오기 쉽다/편하다/좋다
>
> する 하다 → し → しやすい 하기 쉽다/편하다/좋다
>
> 2그룹: 食べる 먹다 → 食べ → 食べやすい 먹기 쉽다/편하다/좋다
>
> 1그룹: 飲む 마시다 → 飲み → 飲みやすい 마시기 쉽다/편하다/좋다

この薬は飲みやすい。[飲む] 이 약은 먹기 편하다.

この肉は食べやすい。[食べる] 이 고기는 먹기 좋다.

先生の字は大きくて、読みやすい。[読む] 선생님의 글씨는 커서 읽기 편하다.

就職しやすい。[就職する] 취직하기 쉽다.

잠깐 깨알 정보

일본어로 '약을 먹다'는 '薬を食べる'가 아니라 '薬を飲む'라고 합니다.

어휘

- 薬 약
- 肉 고기
- 字 글씨
- 大きい 크다
- 就職する 취직하다

❷ 동사 ます형 + にくい ~하기 어렵다/불편하다/좋지 않다

동사의 ます형에 'にくい'를 접속하면 '~하기 어렵다/불편하다/좋지 않다'의 의미를 갖게 됩니다. 이것은 어떤 외부적인 조건에 의하여 '~하기 어렵다'라는 것입니다. 한자는 '難い'를 쓰지만 대부분 히라가나로 표기합니다.

> 3그룹: 来る 오다 → 来 → 来にくい 오기 어렵다/불편하다/좋지 않다
>
> する 하다 → し → しにくい 하기 어렵다/불편하다/좋지 않다
>
> 2그룹: 食べる 먹다 → 食べ → 食べにくい
> 먹기 어렵다/불편하다/좋지 않다
>
> 1그룹: 飲む 마시다 → 飲み → 飲みにくい
> 마시기 어렵다/불편하다/좋지 않다

先生の字は小さくて、読みにくい。[読む]
선생님의 글씨는 작아서 읽기 어렵다.

このパンは大きくて、食べにくい。[食べる]
이 빵은 커서 먹기 불편하다.

あの人の説明は難しくて、分かりにくい。[分かる]
저 사람의 설명은 어려워서 알기 힘들다.

就職しにくい。[就職する]
취직하기 어렵다.

ㅣ어휘

· 小さい 작다
· 説明 설명
· 難しい 어렵다
· 分かる 알다, 이해하다

3 ます형을 이용한 기타용법

(1) 동사의 명사화

동사를 명사로 만드는 방법에는 두 가지가 있습니다. 우선 동사를 ます형으로
바꾸어 만드는 방법과 동사의 ます형에 명사를 붙이는 방법입니다.

1) 동사를 ます형으로 바꾸어 만드는 방법

洗う 씻다 → 洗います → 洗い 설거지

休む 쉬다 → 休みます → 休み 휴일, 휴가

答える 대답하다 → 答えます → 答え 대답

2) ます형에 명사를 붙이는 방법

① ます형 + 方 : ~하는 법

読む 읽다 → 読みます → 読み方 읽는 법

書く 쓰다 → 書きます → 書き方 쓰는 법

使う 사용하다 → 使います → 使い方 사용법

② ます형 + 物 : ~것

買う 사다 → 買います → 買い物 쇼핑(살 것)

飲む 마시다 → 飲みます → 飲み物 음료(마실 것)

食べる 먹다 → 食べます → 食べ物 음식(먹을 것)

(2) 가벼운 명령

주의! 알아두기

ます형에 'なさい'를 붙여 '~하세요'라는 가벼운 명령을 할 수 있습니다. 주
로 윗사람이 아랫사람에게 사용합니다.

起きる 일어나다 → 起きます → 起きなさい 일어나세요

休む 쉬다 → 休みます → 休みなさい 쉬세요

食べる 먹다 → 食べます → 食べなさい 먹으세요

'お休みなさい'는 '안녕히 주무
세요'라는 인사 표현도 있다는
것을 알아두세요.

110

연습해 봅시다!

☑ 다음 보기를 이용하여 문장을 만들어 보세요.

〈보기〉

飲む 마시다 ｜ 食べる 먹다 ｜ 分かる 알다 ｜ 読む 읽다
言う 말하다 ｜ 使う 사용하다

(1) 마시기 편하다.

_____

(2) 먹기 편하다.

_____

(3) 알기 어렵다.

_____

(4) 읽기 어렵다.

_____

(5) 말하는 법

_____

(6) 사용법

_____

확인해 봅시다!

☑ **다음 문장 중 색으로 표시된 부분을 주의하며 일본어로 써 보세요.**

(1) 선생님의 설명은 알기 쉽습니다.

[선생님 先生 | 설명 説明 | 알다, 이해하다 分かる]

_____

(2) 한자는 외우기 어렵습니다.

[한자 漢字 | 외우다 覚える]

_____

(3) 한자는 읽는 법이 어렵습니다.

[한자 漢字 | 읽다 読む | 어렵다 難しい]

_____

(4) 안녕히 주무세요.

[쉬다 休む]

_____

정답은 289쪽에서
확인하세요!

18 총정리 확인 학습(1)

오늘의 목표

☑ 1강부터 17강까지의 내용을 정리해 볼까요?

① 명사
② い형용사
③ な형용사
④ 비교문

⑤ 동사의 종류와 ます형 활용 방법
⑥ 동사 ます의 다양한 활용 표현
⑦ 동사 ます형의 활용
⑧ 희망 표현

단어 정리 🎧 TRACK 18-01

☑ 1강부터 17강까지 나왔던 단어를 점검해 볼까요?

선생님 先生[せんせい]
친구 友達[ともだち]
일본어 日本語[にほんご]
무엇 何[なん なに](何)
재미있다 おもしろい
어렵다 難[むずか]しい
건강하다 元気[げんき]だ
잘하다, 능숙하다 上手[じょうず]だ

가다 行[い]く
하다 する
마시다 飲[の]む
먹다 食[た]べる
일어나다 起[お]きる
보다 見[み]る
알다, 이해하다 分[わ]かる
놀다 遊[あそ]ぶ

만나다 会[あ]う
음악 音楽[おんがく]
듣다 聞[き]く
기다리다 待[ま]つ
사람 人[ひと]
쉬다 休[やす]む
사용하다 使[つか]う
쇼핑 買[か]い物[もの]

문형 정리

REVIEW

1 명사

	명사	보통체	정중체
현재긍정		だ 이다	です 입니다
과거긍정	休み 휴일	だった 이었다	でした 이었습니다
현재부정		じゃ(=では)ない 이/가 아니다	じゃ(=では)ないです(=ありません) 이/가 아닙니다
과거부정		じゃ(=では)なかった 이/가 아니었다	じゃ(=では)なかったです (=ありませんでした) 이/가 아니었습니다
연결형		で 이고, 이며	

정중체의 경우 문장 끝에 か를 붙이면 의문문이 됩니다.

2 い형용사

	어간	어미 (보통체)	어미 (정중체)
현재긍정		い다	いです 습니다
과거긍정	寒 춥	かった 었다	かったです 었습니다
현재부정		くない 지 않다	くないです(=くありません) 지 않습니다
과거부정		くなかった 지 않았다	くなかったです (=くありませんでした) 지 않았습니다
연결형		くて 고, 서	
부사형		く 게	

③ な형용사

	어간	어미 (보통체)	어미 (정중체)
현재긍정	好き 좋아	だ 하다	です 합니다
과거긍정		だった 했다	でした 했습니다
현재부정		じゃ(=では)ない 하지 않다	じゃ(=では)ないです(=ありません) 하지 않습니다
과거부정		じゃ(=では)なかった 하지 않았다	じゃ(=では)なかったです (=ありませんでした) 하지 않았습니다
연결형		で 하고, 해서	
부사형		に 하게	

④ 비교문

(1) 양자 비교

A: ～と～とどちら(の方)が～ですか　～와/과 ～와/과 어느 쪽이 ～습니까?
B: ～の方が～です　～쪽이 ～습니다

(2) 셋 이상 비교

A: ～の中で何/誰が一番～ですか　～중에서 무엇이/누가 제일 ～습니까?
B: ～が一番～です　～이/가 제일 ～습니다

⑤ 동사의 종류와 ます형 활용 방법

그룹	기본형	ます형 활용 방법
3그룹	来る, する	来ます, します
2그룹	い단/え단 + る	い단/え단 + る → ます
1그룹	2그룹, 3그룹 제외한 나머지	う단 → い단 + ます

⑥ 동사 ます의 다양한 활용 표현

시제	긍정, 부정	ます형 활용
현재, 미래	긍정	ます 합니다
	부정	ません 하지 않습니다
과거	긍정	ました 했습니다
	부정	ませんでした 하지 않았습니다
권유		ましょう 합시다

⑦ 동사 ます형의 활용

접속 형태		의미
ます형	に	~하러
	ながら	~하면서
	すぎる	지나치게 ~하다
	やすい	~하기 쉽다 / 편하다 / 좋다
	にくい	~하기 어렵다 / 불편하다 / 좋지 않다
	方^{かた}	~하는 법
	物^{もの}	~것
	なさい	~하세요

⑧ 희망 표현

(1) 1, 2인칭의 희망

~が+동사 ます형+たい ~을/를 ~하고 싶다
명사+がほしい ~을/를 갖고 싶다, 원하다

(2) 일반적인 제3자의 희망

~を+동사 ます형+たがる ~을/를 ~하고 싶어 하다
명사+をほしがる ~을/를 갖고 싶어 하다

(3) 나와 관련된 제3자의 희망

~を+동사 ます형+たがっている ~을/를 ~하고 싶어 하다
명사+をほしがっている ~을/를 갖고 싶어 하다

최종 연습

🎧 TRACK 18-02   C H E C K

1 괄호 안에 들어갈 알맞은 조사를 보기에서 찾아 넣어 보세요.

〈보기〉

は | に | の | が

(1) そのかばん(　　)金さん(　　)ですか。

(2) 彼(　　)日本語(　　)上手です。

(3) 友達(　　)会いたいです。

(4) お金(　　)ほしいです。

2 한국어 문장을 일본어로 작문해 보세요.

〈힌트〉

한국인 韓国人 | 도쿄 東京 | 있다 いる | 이름 名前 | 하루코 春子 | 쓰는 법 書き方 | 간단하다 簡単だ |
외우다 覚える | 재미있다 おもしろい | 친절하다 親切だ | 물론 もちろん | 좋아하다 好きだ | 김치 キムチ |
마시다 飲む | 이야기하다 話す | 오늘 今日 | ~을/를 만나다 ~に会う | 빠르다 早い

(1) 나는 한국인입니다.　　　　＿＿＿＿＿＿＿＿＿＿＿＿＿＿＿＿＿

(2) 일본 도쿄에 친구가 있습니다.　　＿＿＿＿＿＿＿＿＿＿＿＿＿＿＿＿＿

(3) 친구는 일본인이고 이름은 하루코입니다.　＿＿＿＿＿＿＿＿＿＿＿＿＿＿＿＿＿

(4) 하루코의 이름은 쓰는 법이 간단해서 외우기 쉽습니다.

＿＿＿＿＿＿＿＿＿＿＿＿＿＿＿＿＿＿＿＿＿＿＿＿＿＿＿＿＿＿＿＿＿

(5) 하루코는 재미있고 친절합니다.　　＿＿＿＿＿＿＿＿＿＿＿＿＿＿＿＿＿

(6) 물론 한국어도 잘합니다.　　＿＿＿＿＿＿＿＿＿＿＿＿＿＿＿＿＿

(7) 나는 일본의 맥주를 좋아하고,　　＿＿＿＿＿＿＿＿＿＿＿＿＿＿＿＿＿

(8) 하루코는 한국의 김치를 좋아합니다.　　＿＿＿＿＿＿＿＿＿＿＿＿＿＿＿＿＿

(9) 하루코와 맥주를 마시면서 이야기하고 싶습니다.　＿＿＿＿＿＿＿＿＿＿＿＿＿＿＿＿＿

(10) 나는 오늘 하루코를 만나러 일본에 갑니다.　＿＿＿＿＿＿＿＿＿＿＿＿＿＿＿＿＿

(11) 빨리 하루코를 만나고 싶습니다.　　＿＿＿＿＿＿＿＿＿＿＿＿＿＿＿＿＿

❸ 일본어 문장을 한국어로 해석해 보세요.

(1) 私は韓国人です。
_____

(2) 日本の東京に友達がいます。
_____

(3) 友達は日本人で、名前は春子です。
_____

(4) 春子の名前は書き方が簡単で、覚えやすいです。
_____

(5) 春子はおもしろくて親切です。
_____

(6) もちろん韓国語も上手です。
_____

(7) 私は日本のビールが好きで、
_____

(8) 春子は韓国のキムチが好きです。
_____

(9) 春子とビールを飲みながら話したいです。
_____

(10) 私は今日、春子に会いに日本に行きます。
_____

(11) 早く春子に会いたいです。
_____

LAST 통 문장 암기
위에 나왔던 문장을 통째로 암기해서
완벽하게 내 것으로 만들어 보세요!

정답은 290쪽에서
확인하세요!

UNIT 19 동사 て형 이해하기

STEP 1

오늘의 포인트

☑ **문법 포인트를 미리 파악해 볼까요?**

① 백화점에 가서 가방을 샀습니다.

② 친구를 만나 커피를 마시면서 이야기했습니다.

③ 감기에 걸려서 병원에 갑니다.

④ 집에 돌아와서 밥을 먹으면서 텔레비전을 봅니다.

 주목! 오늘의 핵심

'〜하고', '〜해서'와 같이 문장을 연결하는 표현을 위해 동사를 활용해 봅시다.

STEP 2

외워 봅시다! 🎧TRACK 19-01

☑ **오늘 나오는 단어를 미리 외워 볼까요?**

밥 ご飯 ｜ 감기에 걸리다 風邪を引く ｜ 병원 病院

가다 行く ｜ 백화점 デパート ｜ 사다 買う ｜ 집 家

 반짝 반짝! 보물 같은 키워드

'감기에 걸리다'는 '風邪を引く'라고 표현합니다. 조사 に가 아니라 を를 쓴다는 것에 주의하세요.

배워 봅시다! 🎧TRACK 19-02   G R A M M A R

1 동사의 て형 ~하고, ~해서

동작을 나열, 열거하며 원인과 이유를 나타내고 싶을 때 동사의 て형을 사용합니다. 이것은 명사와 형용사의 연결형의 역할과 동일합니다. て형을 만드는 법역시 ます형처럼 동사의 그룹에 따라 다릅니다.

품사	예	연결형(て형)
명사	学生だ 학생이다	学生で 학생이고, 학생이어서
い형용사	おもしろい 재미있다	おもしろくて 재미있고, 재미있어서
な형용사	親切だ 친절하다	親切で 친절하고, 친절해서

(1) 3그룹

'来る(오다)'와 'する(하다)'는 불규칙적으로 활용되니 암기가 필요합니다.

> 来る(오다) → 来て(오고, 와서)
>
> する(하다) → して(하고, 해서)

友達が来て、楽しかった。[来る] 친구가 와서 즐거웠다.
勉強をして、試験に合格しました。[する]
공부를 해서 시험에 합격했습니다.
運動をして、12時ごろご飯を食べます。[する]
운동을 하고, 12시쯤 밥을 먹습니다.

 잠깐! 깨알 정보

참고로 '시험을 본다'는 '試験을 見る'가 아니라 '試験을 受ける'라고 해야 됩니다.

──── 어휘

• **友達** 친구
• **楽しい** 즐겁다
• **勉強** 공부
• **試験** 시험
• **合格する** 합격하다
• **運動** 운동
• **~ごろ** ~쯤

(2) 2그룹

어미 'る'를 떼고 'て'를 붙입니다. 2그룹은 어미가 'る'로 통일되어 있으므로 간단하게 무조건 'る'만 떼어버리면 됩니다.

> **い단 + る**
> **え단 + る** → **て**

1) い단 + る → て

見る(보다) → 見て(보고, 봐서)

いる(있다) → いて(있고, 있어서)

起きる(일어나다) → 起きて(일어나고, 일어나서)

2) え단 + る → て

食べる(먹다) → 食べて(먹고, 먹어서)

覚える(외우다) → 覚えて(외우고, 외워서)

教える(가르치다) → 教えて(가르치고, 가르쳐서)

テレビを見て、シャワーを浴びました。[見る]
텔레비전을 보고 샤워를 했습니다.

朝起きて、運動します。[起きる] 아침에 일어나서 운동합니다.

パンを食べて、出かけました。[食べる] 빵을 먹고 외출했습니다.

---- 어휘

· **シャワーを浴びる** 샤워를 하다
· **出かける** 외출하다

(3) 1그룹

1그룹은 어미(う, く, ぐ, す, つ, ぬ, ぶ, む, る)가 다양하므로 'て'를 그대로 붙여 발음을 하자니 불편함을 느낍니다. 따라서 음과 음을 부드럽게 연결하려는 '음편 현상'이 나타납니다. 이것은 아주 중요하니 반드시 암기해야 합니다.

1) 어미가 'く', 'ぐ' 인 1그룹 동사는 'く', 'ぐ'가 'い'로 바뀌고 각각 'て'와 'で'가 접속합니다. 다만, 예외적으로 '行く(가다)'는 '行いて'가 아니라 '行って'로 활용합니다.

주의 알아두기

'ぐ'는 탁음이므로 'て'도 'で'가 되어야 합니다.

> く → いて   ぐ → いで

書く(쓰다) → 書いて(쓰고, 써서)
ぬぐ(벗다) → ぬいで(벗고, 벗어서)

名前を書いて、電話番号を書きます。[書く]
이름을 쓰고, 전화번호를 씁니다.
風邪を引いて、病院に行きます。[引く]
감기에 걸려서 병원에 갑니다.
プールで泳いで、ビールを飲みます。[泳ぐ]
수영장에서 수영하고, 맥주를 마십니다.

― 어휘

• 電話番号 전화번호
• 風邪を引く 감기에 걸리다
• プール 수영장
• 泳ぐ 수영하다

2) 어미가 'む', 'ぬ', 'ぶ'인 1그룹 동사는 'む', 'ぬ', 'ぶ'가 'ん'으로 바뀌고 'で'
가 접속합니다.

む・ぬ・ぶ → んで

読む(읽다) → 読んで(읽고, 읽어서)
死ぬ(죽다) → 死んで(죽고, 죽어서)
呼ぶ(부르다) → 呼んで(부르고, 불러서)

薬を飲んで、早く寝ます。[飲む] 약을 먹고, 일찍 잡니다.
犬が死んで、悲しいです。[死ぬ] 개가 죽어서 슬픕니다.
むすめを呼んで、ほめました。[呼ぶ] 딸을 불러서 칭찬했습니다.

3) 어미가 'う', 'つ', 'る'인 1그룹 동사는 'う', 'つ', 'る'가 'っ'로 바뀌고 'て'가
접속합니다.

주의 알아두기

예외 1그룹은 って가 된다는 것
을 꼭 기억하세요!

う・つ・る → って

買う(사다) → 買って(사고, 사서)
立つ(서다) → 立って(서고, 서서)
乗る(타다) → 乗って(타고, 타서)

友達に会って、映画を見ます。[会う] 친구를 만나고, 영화를 봅니다.
私の友達は立って、勉強をします。[立つ]
내 친구는 서서 공부를 합니다.
バスに乗って、帰ります。[乗る] 버스를 타고 돌아갑니다.
お風呂に入って、ワインを飲みます。[入る]
목욕을 하고, 와인을 마십니다.

― 어휘
• 薬を飲む 약을 먹다
• 早く 일찍, 빨리
• 寝る 자다
• 犬 개
• 悲しい 슬프다
• むすめ 딸
• ほめる 칭찬하다
• 映画 영화
• 〜に乗る 〜을/를 타다
• 帰る 돌아가다, 돌아오다
• お風呂に入る 목욕을 하다
• ワイン 와인

4) 어미가 'す'인 1그룹 동사는 'す'가 'し'로 바뀌고 'て'가 접속합니다.

す → して

話^{はな}す(이야기하다) → 話^{はな}して(이야기하고, 이야기해서)

ケータイを落^おとして壊^{こわ}しました。[落とす]
핸드폰을 떨어뜨려서 고장냈습니다.

番号^{ばんごう}をちゃんと押^おして入力^{にゅうりょく}します。[押す]
번호를 똑바로 눌러서 입력합니다.

カーソルを動^{うご}かしてクリックしましょう。[動かす]
커서를 움직여서 클릭합시다.

잠깐! 깨알 정보

'落^おとす'는 떨어뜨려서 '물건을 잃어버린다'는 뜻도 있습니다.

「암기! 한눈에 파악하기」

그룹	공식
3그룹	来^くる → 来^きて する → して
2그룹	い단+~~る~~ え단+~~る~~ → て
1그룹	く → いて ぐ → いで む, ぬ, ぶ → んで う, つ, る → って す → して 예외) 行^いく → 行^いって

어휘

- **ケータイ** 핸드폰
- **落^おとす** 떨어뜨리다
- **壊^{こわ}す** 고장내다, 부서뜨리다
- **番号^{ばんごう}** 번호
- **ちゃんと** 똑바로, 제대로
- **押^おす** 누르다
- **入力^{にゅうりょく}する** 입력하다
- **カーソル** 커서
- **動^{うご}かす** 움직이다
- **クリックする** 클릭하다

연습해 봅시다!

☑ 다음 동사가 속하는 그룹을 쓰고, て형으로 고쳐 보세요.

동사	그룹	て형
(1) 脱ぐ 벗다		
(2) 来る 오다		
(3) 待つ 기다리다		
(4) する 하다		
(5) がんばる 열심히 하다		
(6) 呼ぶ 부르다		
(7) 教える 가르치다		
(8) 帰る 돌아가다		

확인해 봅시다!

☑ **다음 문장 중 색으로 표시된 부분을 주의하며 일본어로 써 보세요.**

(1) 백화점에 가서 가방을 샀습니다.

[백화점 デパート | 가다 行く | 가방 かばん | 사다 買う]

_____

(2) 친구를 만나 커피를 마시면서 이야기했습니다.

[친구를 만나다 友達に会う | 커피 コーヒー | 마시다 飲む | 이야기하다 話す]

_____

(3) 감기에 걸려서 병원에 갑니다.

[감기에 걸리다 風邪を引く | 병원 病院 | 가다 行く]

_____

(4) 집에 돌아와서 밥을 먹으면서 텔레비전을 봅니다.

[집 家 | 돌아오다 帰る | 밥 ご飯 | 먹다 食べる | 텔레비전 テレビ | 보다 見る]

_____

정답은 290쪽에서
확인하세요!

20 동사 て형 활용하기(1)

STEP 1 오늘의 포인트

☑ 문법 포인트를 미리 파악해 볼까요?

① 여기에 이름을 써 주세요.

② 조금 기다려 주세요.

③ 일본어를 가르쳐 주시지 않겠습니까?

④ 이를 닦고 나서 세수를 합니다.

 주목! 오늘의 핵심

　자, 이제부터 て형을 활용하여 의뢰와 부탁, 일의 순서와 습관을 나타내는 문형을 알아봅시다.
て형을 열심히 공부했다면 전혀 어렵지 않으니 걱정 마세요!

STEP 2 외워 봅시다! 🎧 TRACK 20-01

☑ 오늘 나오는 단어를 미리 외워 볼까요?

끝나다 終わる ㅣ 화장을 하다 化粧をする ㅣ 조금만 ちょっと
기다리다 待つ ㅣ 이, 이빨 歯 ㅣ 닦다 磨く ㅣ 얼굴 顔 ㅣ 씻다 洗う

 반짝 반짝! 보물 같은 키워드

　동사 洗う를 이용하여 만든 명사 お手洗い는 '화장실'을 나타내며, 또 다른 표현으로 トイレ도
많이 쓰입니다.

1 동사 て형 + から ～하고 나서 (일의 순서, 습관)

동사의 て형에 'から'를 접속하는 형태로 일의 순서와 습관을 나타낼 수 있습니다. 동작의 순서대로 말할 경우에는 단순한 열거를 나타내는 '～て'보다 '～て 부터'를 사용하는 것이 적합합니다.

> 3그룹: 来る 오다 → 来て → 来てから 오고 나서
>
> する 하다 → して → してから 하고 나서
>
> 2그룹: 食べる 먹다 → 食べて → 食べてから 먹고 나서
>
> 1그룹: 飲む 마시다 → 飲んで → 飲んでから 마시고 나서

주의 알아두기

'언제' 하냐는 질문에는 '～てから'를, '무엇을' 하냐는 질문에는 '～て'로 대답하는 것이 좋습니다.

ご飯を食べてから、薬を飲みます。[食べる]

밥을 먹고 나서, 약을 먹습니다.

お風呂に入ってから、テレビを見ました。[入る]

목욕을 하고 나서, 텔레비전을 봤습니다.

日本語を勉強してから、日本へ来ました。[勉強する]

일본어를 공부하고 나서, 일본에 왔습니다.

仕事が終わってから、飲みに行きましょうか。[終わる]

일이 끝나고 나서, 마시러 갈까요?

어휘

• 薬を飲む 약을 먹다
• お風呂に入る 목욕을 하다
• 終わる 끝나다

② 동사 て형 + ください ~해 주세요 (부탁, 의뢰)

동사의 て형에 'ください'를 접속하는 형태로 '~해 주세요'의 뜻이 됩니다. 부탁 또는 의뢰할 때 쓰이며, 완곡한 명령 표현으로도 사용됩니다.

> 3그룹: 来る 오다 → 来て → **来てください** 와 주세요
>
> する 하다 → して → **してください** 해 주세요
>
> 2그룹: 食べる 먹다 → 食べて → **食べてください** 먹어 주세요
>
> 1그룹: 飲む 마시다 → 飲んで → **飲んでください** 마셔 주세요

写真を撮ってください。[撮る] 사진을 찍어 주세요.

また、遊びに来てください。[来る] 또 놀러 와 주세요.

ドアを開けてください。[開ける] 문을 열어 주세요.

この薬を飲んでください。[飲む] 이 약을 먹어 주세요.

주의! 알아두기

'ください'는 '주세요'라는 뜻으로, 'これください(이거 주세요)', 'ビールをください(맥주를 주세요)'와 같이 쓸 수도 있습니다.

어휘

· **写真を撮る** 사진을 찍다

· **また** 또

· **遊ぶ** 놀다

· **ドア** 문

· **開ける** 열다

3 동사 て형 + くださいませんか

~해 주시지 않겠습니까? (부탁, 의뢰)

앞에서 배운 'ください'에 'ませんか'가 붙은 형태로 '〜てください'보다 좀 더 정중한 표현입니다.

3그룹: 来る 오다 → 来て → **来て**くださいませんか
와 주시지 않겠습니까?

する 하다 → して → **して**くださいませんか
해 주시지 않겠습니까?

2그룹: 食べる 먹다 → 食べて → **食べて**くださいませんか
먹어 주시지 않겠습니까?

1그룹: 飲む 마시다 → 飲んで → **飲んで**くださいませんか
마셔 주시지 않겠습니까?

写真を撮ってくださいませんか。 [撮る] 사진을 찍어 주시지 않겠습니까?
また、遊びに来てくださいませんか。 [来る] 또 놀러 와 주시지 않겠습니까?
ドアを開けてくださいませんか。 [開ける] 문을 열어 주시지 않겠습니까?

「암기! 한눈에 파악하기」

접속 형태	의미
동사 て형 + てから	〜하고 나서
동사 て형 + てください	〜해 주세요
동사 て형 + てくださいませんか	〜해 주시지 않겠습니까?

— 어휘

• **写真を撮る** 사진을 찍다
• **遊ぶ** 놀다
• **開ける** 열다

연습해 봅시다!

☑ **다음 보기를 이용하여 문장을 만들어 보세요.**

> ─〈보기〉─
>
> 化粧をする 화장을 하다 ┃ 服を着る 옷을 입다 ┃ 早く 빨리
> 来る 오다 ┃ 静かに 조용히 ┃ する 하다

(1) 화장을 하고 나서 옷을 입습니다.

_____

(2) 옷을 입고 나서 화장을 합니다.

_____

(3) 빨리 와 주세요.

_____

(4) 빨리 와 주시지 않겠습니까?

_____

(5) 조용히 해 주세요.

_____

(6) 조용히 해 주시지 않겠습니까?

_____

확인해 봅시다!

☑ **다음 문장 중 색으로 표시된 부분을 주의하며 일본어로 써 보세요.**

(1) 여기에 이름을 써 주세요.

[여기 ここ | 이름 名前 | 쓰다 書く]

_____

(2) 조금 기다려 주세요.

[조금 ちょっと | 기다리다 待つ]

_____

(3) 일본어를 가르쳐 주시지 않겠습니까?

[일본어 日本語 | 가르치다 教える]

_____

(4) 이를 닦고 나서 세수를 합니다(얼굴을 씻습니다).

[이 歯 | 닦다 磨く | 얼굴 顔 | 씻다 洗う]

_____

정답은 290쪽에서
확인하세요!

STEP 1 오늘의 포인트

☑ 문법 포인트를 미리 파악해 볼까요?

① 사전을 찾아도 모르겠습니다.

② 오늘은 일찍 돌아가도 됩니까?

③ 사진을 찍어서는 안됩니다.

④ 이 옷, 입어 봐도 됩니까?

 주목! 오늘의 핵심

て형을 이용하여 역접, 허가와 금지를 나타내는 문형을 공부해 보겠습니다.

STEP 2 외워 봅시다! TRACK 21-01

☑ 오늘 나오는 단어를 미리 외워 볼까요?

비 雨
あめ
| 내리다 降る
ふ
| 사진 写真
しゃしん
| 찍다 撮る
と
| 사용하다 使う
つか

열다 開ける
あ
| 사전을 찾다 辞書を引く
じしょ　 ひ
| 옷 服
ふく
| 입다 着る
き

 반짝 반짝! 보물 같은 키워드

'(비나 눈이) 내린다'는 降る
ふ
이지만, '(교통 수단에서) 내린다'는 降りる
お
를 씁니다.

① 동사 て형 + も ~해도, ~하더라도 (역접)

'~ても'의 형태로 뒤 문장은 앞 문장 조건에 반대되는 내용이 옵니다.

> 3그룹: 来る 오다 → 来て → **来ても** 와도
>
> する 하다 → して → **しても** 해도
>
> 2그룹: 食べる 먹다 → 食べて → **食べても** 먹어도
>
> 1그룹: 飲む 마시다 → 飲んで → **飲んでも** 마셔도

説明を聞いても、分かりません。[聞く] 설명을 들어도 모르겠습니다.

雨が降っても、運動をします。[降る] 비가 내려도 운동을 합니다.

勉強しても、成績がなかなか上がりません。[勉強する]
공부해도 성적이 좀처럼 오르지 않습니다.

② 동사 て형 + もいいです
~해도 좋습니다/됩니다/괜찮습니다 (허가)

'~てもいいです'의 형태로 허가의 의미입니다. 여기서 '좋습니다'라는 의미의 'いいです'는 'だいじょうぶです(괜찮습니다)'로 바꿔 쓸 수 있습니다.

> 3그룹: 来る 오다 → 来て → **来ても**いいです
> 와도 좋습니다/됩니다/괜찮습니다
>
> する 하다 → して → **しても**いいです
> 해도 좋습니다/됩니다/괜찮습니다
>
> 2그룹: 食べる 먹다 → 食べて → **食べても**いいです
> 먹어도 좋습니다/됩니다/괜찮습니다
>
> 1그룹: 飲む 마시다 → 飲んで → **飲んでも**いいです
> 마셔도 좋습니다/됩니다/괜찮습니다

 주의! 알아두기

대답할 때 '~てもいいです'보다 조금 더 공손하면서 간단한 표현으로는 'はい、どうぞ'가 있습니다.

어휘
- **説明** 설명
- **聞く** 듣다
- **雨** 비
- **降る** 내리다
- **成績** 성적
- **なかなか** 좀처럼
- **上がる** 오르다

ここで写真を撮ってもいいですか。[撮る] 여기에서 사진을 찍어도 됩니까?

このパンを食べてもいいです。[食べる] 이 빵을 먹어도 괜찮습니다.

一人で来てもいいです。[来る] 혼자 와도 좋습니다.

❸ 동사 て형 + はいけません ~해서는 안 됩니다 (금지)

'~てはいけません'의 형태로 행위에 대한 강한 금지를 나타냅니다. 주로 사회적인 규제나 도덕적으로 문제가 되는 것을 금지하는 경우에 사용합니다. '~てはいけません'은 회화체에서는 '~てはだめです'로 바꿔 쓸 수 있습니다.

주의! 알아두기

'ては'의 회화체 축약형은 'ちゃ', 'では'는 'じゃ'라는 것을 알아두세요. 회화에서 많이 쓰인답니다.

3그룹: 来る 오다 → 来て → **来て**はいけません 와서는 안 됩니다

する 하다 → して → **して**はいけません 해서는 안 됩니다

2그룹: 食べる 먹다 → 食べて → **食べて**はいけません
먹어서는 안 됩니다

1그룹: 飲む 마시다 → 飲んで → **飲んで**はいけません
마셔서는 안 됩니다

ここでは写真を撮ってはいけません。[撮る]
여기에서는 사진을 찍어서는 안 됩니다.
学生はタバコを吸ってはいけません。[吸う]
학생은 담배를 피워서는 안 됩니다.
この薬を飲んではいけません。[飲む]
이 약을 먹어서는 안 됩니다.

— 어휘

· 一人 혼자
· **タバコを吸う** 담배를 피우다

❹ 동사의 て형 + みる ~해 보다 (시도, 도전)

'~てみる'의 형태로 어떤 행위를 시도한다는 뜻으로 쓰입니다.

주의! 알아두기

'~て見る'와 같이 한자로 표기하지 않고 히라가나로 표기하는 것에 주의하세요.

> 3그룹: 来る 오다 → 来て → 来てみる 와 보다
>
> する 하다 → して → してみる 해 보다
>
> 2그룹: 食べる 먹다 → 食べて → 食べてみる 먹어 보다
>
> 1그룹: 飲む 마시다 → 飲んで → 飲んでみる 마셔 보다

友達に話してみます。 [話す] 친구에게 이야기해 보겠습니다.

日本に行ってみました。 [行く] 일본에 가 봤습니다.

「암기! 한눈에 파악하기」

품사	연결형(て형)	ても
명사	学生で 학생이고, 학생이어서	学生でも 학생이어도
い형용사	高くて 비싸고, 비싸서	高くても 비싸도
な형용사	下手で 잘 못하고, 잘 못해서	下手でも 잘 못해도

품사	てもいいです	てはいけません
명사	学生でもいいです 학생이어도 좋습니다	学生ではいけません 학생이어서는 안 됩니다
い형용사	高くてもいいです 비싸도 좋습니다	高くてはいけません 비싸서는 안 됩니다
な형용사	下手でもいいです 잘 못해도 좋습니다	下手ではいけません 잘 못해서는 안 됩니다

어휘
- 友達 친구
- 話す 이야기하다
- 日本 일본
- 学生 학생
- 高い 비싸다
- 下手だ 잘 못하다, 서투르다

연습해 봅시다!

☑ **다음 보기를 이용하여 문장을 만들어 보세요.**

〈보기〉

使う 사용하다 | する 하다

사용해도 좋습니까?

(1) 네, 사용해도 좋습니다. (허가)

　はい、＿＿＿＿＿＿＿＿＿＿＿＿＿＿＿＿＿＿＿

(2) 아니요, 사용해서는 안 됩니다. (금지)

　いいえ、＿＿＿＿＿＿＿＿＿＿＿＿＿＿＿＿＿＿

해서는 안 됩니까?

(3) 네, 해서는 안 됩니다. (금지)

　はい、＿＿＿＿＿＿＿＿＿＿＿＿＿＿＿＿＿＿＿

(4) 아니요, 해도 됩니다. (허가)

　いいえ、＿＿＿＿＿＿＿＿＿＿＿＿＿＿＿＿＿＿

(5) 사용해 보겠습니다.

　＿＿＿＿＿＿＿＿＿＿＿＿＿＿＿＿＿＿＿＿＿＿

(6) 해 보겠습니다.

　＿＿＿＿＿＿＿＿＿＿＿＿＿＿＿＿＿＿＿＿＿＿

확인해 봅시다!

☑ **다음 문장 중 색으로 표시된 부분을 주의하며 일본어로 써 보세요.**

(1) 사전을 찾아도 모르겠습니다.

[사전을 찾다 辞書を引く | 알다, 이해하다 分かる]

_____

(2) 오늘은 일찍 돌아가도 됩니까?

[오늘 今日 | 일찍 早く | 돌아가다 帰る]

_____

(3) 사진을 찍어서는 안 됩니다.

[사진 写真 | 찍다 撮る]

_____

(4) 이 옷, 입어 봐도 됩니까?

[이 この | 옷 服 | 입다 着る]

_____

정답은 290쪽에서
확인하세요!

UNIT 22 동사 て형 활용하기(3)

STEP 1 오늘의 포인트

☑ **문법 포인트를 미리 파악해 볼까요?**

① 지금까지 참아 왔습니다.

② 우산을 갖고 왔습니까?

③ 전부 마셔 버렸습니다.

④ 청소를 해 두었습니다.

 주목! 오늘의 핵심

て형을 활용한 문형인 '〜하고 가다', '〜하고 오다', '〜해 두다', '〜해 버리다'를 배워 봅시다.

STEP 2 외워 봅시다! 🎧 TRACK 22-01

☑ **오늘 나오는 단어를 미리 외워 볼까요?**

늘어나다 増える | 준비 用意 | 예약 予約 | 두다, 놓다 置く
전부 全部 | 읽다 読む | 참다 がまんする

 반짝 반짝! 보물 같은 키워드

用意와 準備 둘 다 '준비'라는 뜻을 가지고 있지만 準備 쪽이 마음가짐과 각오를 포함한 전반적인
계획의 의미로 쓰입니다.

배워 봅시다! 🎧 TRACK 22-02   G R A M M A R

1 동사 て형 + いく ~하고 가다, ~해져 가다

'~ていく'의 형태로 '~하고 가다'라는 공간적 이동과 '~해져 가다'라는 현재에
서 미래를 향한 점진적인 변화를 나타내는 두 가지의 의미가 있습니다.

주의! 알아두기

学校まで歩いていきました。[歩く] 학교까지 걸어 갔습니다. (공간적 이동)

火が消えていきます。[消える] 불이 꺼져 갑니다. (점진적인 변화)

雪がどんどん積もっていく。[積もる] 눈이 점점 쌓여 간다. (점진적인 변화)

'점진적인 변화'의 의미를 나타
낼 경우는 'いく'가 갖고 있는 본
래의 의미는 상실하고, 연결되
는 동사에 대한 보조적 의미로
만 쓰입니다.

2 동사 て형 + くる ~하고 오다, ~해져 오다

'~てくる'의 형태로 '~하고 오다'라는 공간적 이동과 '~해져 오다'라는 과거에
서 현재를 향한 점진적인 변화를 나타내는 두 가지의 의미가 있습니다.

주의! 알아두기

ご飯を食べてきます。[食べる] 밥을 먹고 옵니다. (공간적 이동)

給料が増えてきました。[増える] 월급이 늘어났습니다. (점진적인 변화)

雨が降ってきました。[降る] 비가 내리기 시작했습니다. (동작의 시작)

'~てくる'는 동작이나 어떤 상
태의 시작을 의미하는 경우에도
사용합니다.

てくる　　　　　　　　ていく

과거　　　　　　　　현재　　　　　　　　미래

─ 어휘

・歩く 걷다
・火 불
・消える 꺼지다, 사라지다
・雪 눈
・どんどん 점점
・積もる 쌓이다
・給料 월급
・増える 늘어나다, 증가하다
・雨 비
・降る 내리다

③ 동사 て형 + おく ~해 두다/놓다

'~ておく'의 형태로 어떤 목적을 위해 미리 준비하여 그 결과를 지속시킨다는 의미입니다. 그러나 문맥에 따라서는 일시적인 방치의 의미를 나타내기도 합니다.

友達が来る前に、窓を開けておきました。[開ける]
친구가 오기 전에, 창문을 열어 두었습니다. (준비)

きっぷを用意しておきました。[用意する] 표를 준비해 두었습니다. (준비)

ホテルを予約しておく。[予約する] 호텔을 예약해 두다. (준비)

そのままに置いておいてください。[置く] 그대로 놔 둬 주세요. (방치)

주의 알아두기

'~ておく'의 회화체 축약형은 'とく'라는 것을 알아두세요.

예) 作っておく → 作っとく

④ 동사 て형 + しまう ~해 버리다, ~하고 말다 (완료, 후회, 유감)

'~てしまう'의 형태로 전부 완전히 끝냈다는 완료의 의미와 어떤 행위를 무의식적으로 한 것에 대한 후회, 그로 인한 유감스러운 감정을 표현합니다.

本を最後まで読んでしまいました。[読む]
책을 끝까지 읽어 버렸습니다. (완료)

お腹がすいて、弟のパンを全部食べてしまいました。[食べる]
배가 고파서, 남동생의 빵을 전부 먹어 버렸습니다. (후회)

今日もお酒を飲んでしまいました。[飲む]
오늘도 술을 마시고 말았습니다. (유감)

주의 알아두기

'~てしまう'의 축약형은 'ちゃう', '~でしまう'의 축약형은 'じゃう' 라는 것을 알아두세요.

예)
食べてしまう → 食べちゃう
飲んでしまう → 飲んじゃう

어휘

· 窓を開ける 창문을 열다

· きっぷ 표
· 用意する 준비하다
· 予約する 예약하다

· そのままに 그대로
· 置く 놓다, 두다
· 最後 끝, 마지막

· ~まで ~까지
· お腹がすく 배가 고프다
· 弟 남동생
· 全部 전부

「암기! 한눈에 파악하기」

접속 형태	의미
동사 て형+いく	~하고 가다, ~해져 가다
동사 て형+くる	~하고 오다, ~해져 오다
동사 て형+おく	~해 두다/놓다
동사 て형+しまう	~해 버리다, ~하고 말다 (완료, 후회, 유감)

주의! 알아두기

て형과 연결된 동사는 각 동사의
그룹의 종류에 따라 활용한다는
것을 잊지 마세요.

연습해 봅시다!

☑ **다음 괄호 안에 적당한 것을 골라 보세요.**

(1) 今^{いま}まで、日本語^{にほんご}を教^{おし}えて(　　　　　)。

　① いきました　　　　　　② きました

(2) 風邪^{かぜ}を引^ひいて(　　　　　)。

　① きました　　　　　　② しまいました

(3) バスに乗^のる前^{まえ}にきっぷを買^かって(　　　　　)。

　① おきました　　　　　　② しまいました

(4) 学校^{がっこう}まで歩^{ある}いて(　　　　　)。

　① いきました　　　　　　② おきました

확인해 봅시다!

EXERCISE

☑ **다음 문장 중 색으로 표시된 부분을 주의하며 일본어로 써 보세요.**

(1) 지금까지 참아 왔습니다.

[지금 今 | 까지 まで | 참다 がまんする]

_____

(2) 우산을 갖고 왔습니까?

[우산 傘 | 갖다, 지니다 持つ]

_____

(3) 전부 마셔 버렸습니다.

[전부 全部 | 마시다 飲む]

_____

(4) 청소를 해 두었습니다.

[청소 掃除 | 하다 する]

_____

정답은 291쪽에서
확인하세요!

23 동사 て형 활용하기(4)

STEP 1 오늘의 포인트

☑ **문법 포인트를 미리 파악해 볼까요?**

① 무엇을 하고 있습니까?

② 밥을 먹고 있습니다.

③ A: 김 씨는 학교에 왔습니까?   B: 아니요, 아직 오지 않았습니다.

④ 선생님의 전화번호를 알고 있습니까?

 주목! 오늘의 핵심

일본어의 진행 및 상태 표현에 대해서 알아봅시다.

STEP 2 외워 봅시다! 🎧 TRACK 23-01

☑ **오늘 나오는 단어를 미리 외워 볼까요?**

켜지다 付く | 살다 住む | 안경 眼鏡 | 쓰다, 걸다 かける | 살찌다 太る

마르다 やせる | 닮다 似る | 숙제 宿題 | 가스료 ガス代 | 지불하다 払う

 반짝 반짝! 보물 같은 키워드

일본어로 '안경을 쓰다'는 かける를 써서 眼鏡をかける라고 한다는 것을 알아두세요.

배워 봅시다! 🎧 TRACK 23-02   G R A M M A R

1 동사 て형 + いる ~하고 있다, ~해져 있다

'~ている'의 형태로 동작의 진행이나 상태를 나타냅니다.

(1) 동작의 진행 (~하고 있다)

雪が降っています。[降る] 눈이 내리고 있습니다.

ビールを飲んでいます。[飲む] 맥주를 마시고 있습니다.

(2) 결과의 상태 (~해져 있다)

ドアが開いています。[開く] 문이 열려 있습니다.

電気が付いています。[付く] 불이 켜져 있습니다.

2 항상 ~ている만 써야 하는 경우

(1) 어떤 결과의 상태가 지속되고 있는 경우 – 知る(알다), 住む(살다), 結婚する(결혼하다)

A : 彼の電話番号を知っていますか。[知る]
　　그의 전화번호를 알고 있습니까(압니까)?

B : はい、知っています。 네, 알고 있습니다(압니다).

　　いいえ、知りません。 아니요, 모릅니다.

ソウルに住んでいます。[住む] 서울에 살고 있습니다(삽니다).

姉は結婚しています。[結婚する] 언니는 결혼했습니다.

주의! 알아두기

회화에서 '~ている(~ていま
す)'의 'い'는 생략되고 '~てる
(~てます)' 형태로 쓰이는 경우
가 많습니다.

예) 飲んでる 마시고 있다
　　飲んでます 마시고 있습니
다

주의! 알아두기

모른다고 대답할 경우에는 '知
っていません'이 아니라 '知り
ません'이라고 해야 합니다.

── 어휘

• 雪 눈
• 降る 내리다
• ドア 문
• 開く 열리다
• 電気 (전깃)불
• 付く 켜지다
• 電話番号 전화번호
• ソウル 서울
• 姉 언니

(2) 착용 - 着る(상의를 입다), 履く(하의를 입다, 신다), かぶる(쓰다), かける(쓰다, 걸다)

彼女は帽子をかぶっています。[かぶる] 그녀는 모자를 쓰고 있습니다(썼습니다).

眼鏡をかけている学生 [かける] 안경을 쓰고 있는(쓴) 학생

(3) 신체적 특징 - 太る(뚱뚱하다), やせる(마르다), 似る(닮다)

うちの母は太っています。[太る] 우리 엄마는 살쪘습니다.

やせている人がダイエットするのは理解できません。[やせる]
마른 사람이 다이어트하는 것은 이해할 수 없습니다.

妹は父に似ています。[似る] 여동생은 아빠를 닮았습니다.

주의! 알아두기

'~을/를 닮다'는 '~を似る'가
아니라 조사 'に'를 써서 '~に似
る'라고 해야 합니다.

어휘

- **帽子** 모자
- **眼鏡** 안경
- **うち** 우리
- **理解** 이해
- **できる** 할 수 있다
- **妹** 여동생

❸ 완료/미완료

완료란 이미 동작이나 행위가 실현되었다는 것을 의미하며, 미완료란 동작이
나 행위가 아직 끝나지 않았음을 의미합니다. 현재 이전에 발생하였던 과거의
표현과 완료를 다르게 표현하는 것이 한국어와 다릅니다.

(1) 완료 – もう 〜ました 벌써 ~했습니다

もう連絡^{れんらく}を取^とりました。[取る] 벌써 연락을 취했습니다.
もう見^みました。[見る] 벌써 봤습니다.

(2) 미완료 – まだ 〜ていません 아직 ~하지 않았습니다

まだ連絡^{れんらく}を取^とっていません。[取る] 아직 연락을 취하지 않았습니다.
まだ見^みていません。[見る] 아직 보지 않았습니다.

※ A : 金^{キム}さん、あの映画^{えいが}を見^みましたか。 김 씨, 저 영화를 봤습니까?
  B : はい、見^みました。네, 봤습니다.(완료–과거 긍정)
     いいえ、見^みませんでした。아니요, 보지 않았습니다.(완료–과거 부정)
     いいえ、まだ見^みていません。아니요, 아직 보지 않았습니다.(미완료)

주의! 알아두기

일본어는 우리와 달리 '미완료'
와 '과거 부정'이 뚜렷하게 구별
됩니다. 즉, 우리는 '아직 ~하지
않았다'로 한번에 표현하지만
일본어에서는 절대 아닙니다.
따라서 'まだ見^みませんでした'라
는 표현은 우리말로는 자연스러
운 것 같지만 일본어로 틀린 표
현입니다!

── 어휘
• 連絡^{れんらく}を取^とる 연락을 취하다
• 映画^{えいが} 영화

연습해 봅시다!

☑ **다음 문장을 읽고 맞으면 O, 틀리면 X로 표시해 보세요.**

(1) A: 結婚していますか。

    B: いいえ、まだしませんでした。　(O, X)

(2) A: 連絡を取りましたか。

    B: いいえ、まだ取っていません。　(O, X)

(3) A: 宿題をしましたか。

    B: はい、もうしました。　　　　　(O, X)

(4) A: ガス代を払いましたか。

    B: いいえ、まだ払っていません。　(O, X)

확인해 봅시다!

☑ **다음 문장 중 색으로 표시된 부분을 주의하며 일본어로 써 보세요.**

(1) 무엇을 하고 있습니까?

[무엇 何 | 하다 する]

_____

(2) 밥을 먹고 있습니다.

[밥 ご飯 | 먹다 食べる]

_____

(3) A: 김 씨는 학교에 왔습니까?　B: 아니요, 아직 오지 않았습니다.

[김 씨 金さん | 학교 学校 | 오다 来る]

_____

(4) 선생님의 전화번호를 알고 있습니까?

[선생님 先生 | 전화번호 電話番号 | 알다 知る]

_____

정답은 291쪽에서
확인하세요!

UNIT 24 동사 て형 활용하기(5)

STEP 1

오늘의 포인트

☑ **문법 포인트를 미리 파악해 볼까요?**

① 창문이 열려 있어서 춥습니다.

② 쓰레기가 버려져 있습니다.

③ 바람이 들어오도록, 창문이 열려 있습니다.

④ 김 선생님은 안경을 쓰고 있습니다.

 주목! 오늘의 핵심

일본어의 자동사와 타동사를 구별하는 방법은 간단합니다. 목적격 조사 を를 넣어 자연스러우면
타동사, 부자연스러우면 자동사랍니다. 자동사와 타동사에 대해서 구체적으로 공부해 볼까요?

STEP 2

외워 봅시다! 🎧 TRACK 24-01

☑ **오늘 나오는 단어를 미리 외워 볼까요?**

~이/가 열리다 ~が開く | ~을/를 열다 ~を開ける | ~이/가 들어가다 ~が入る
~을/를 넣다 ~を入れる | ~이/가 닫히다 ~が閉まる | ~을/를 닫다 ~を閉める | ~하도록 ~ように

 반짝 반짝! 보물 같은 키워드

동사의 기본형에 ように를 접속하면 '~하도록'이라는 뜻이 됩니다.

배워 봅시다! ∩ TRACK 24-02   GRAMMAR

1 자동사와 타동사

동사는 목적어 유무의 여부에 따라 자동사와 타동사로 나뉩니다. 즉, 목적어를 동반하여 목적격 조사 'を'를 취하면 타동사, 목적어를 동반하지 않으면서 목적격 조사 'を'를 취하지 않으면 자동사로 구분됩니다. 그럼 자동사와 타동사의 특징을 살펴보겠습니다.

(1) 자동사

자동사는 스스로의 동작이나 자연의 움직임을 나타내는 동사를 말하며, 기본적으로 조사 'が'를 사용합니다. 일반적인 자동사의 기본문형은 다음과 같습니다.

1) ～が+자동사: ～이/가 ～하다
子供が泣く。 아이가 울다.
花がさく。 꽃이 피다.

동사 '会う', '乗る', '似る' 등은 '～을/를'로 해석되지만, 조사 'に'를 취하는 자동사입니다. 목적격 조사 'を'를 취하지 않으므로 타동사로 분류되지 않고 자동사로 분류된다는 것에 주의하세요.

昨日は友達に会いました。 어제는 친구를 만났습니다.
今日はバスに乗ります。 오늘은 버스를 타겠습니다.

어휘
• 子供 아이
• 泣く 울다
• さく 피다
• 昨日 어제
• 今日 오늘
• バス 버스

2) 자동사의 진행과 상태

자동사 뒤에 '〜ている'가 연결되면, 동사의 성질에 따라 진행 또는 상태를 나타냅니다.

① 〜が + 자동사 + ている: 〜이/가 〜하고 있다 (진행)
子供が走っている。 아이가 달리고 있다.
子供が泣いている。 아이가 울고 있다.

② 〜が + 자동사 + ている: 〜이/가 〜해져 있다 (단순, 자연 상태)
ドアが開いている。 문이 열려 있다.
電気が付いている。 불이 켜져 있다.

(2) 타동사

타동사는 다른 대상을 움직이게 하는 동사를 말하며, 기본적으로 목적격 조사 '荃'를 사용합니다. 일반적인 타동사의 기본문형은 다음과 같습니다.

1) 〜を+타동사: 〜을/를 〜하다
本を読む。 책을 읽다.
名前を書く。 이름을 쓰다.

2) 타동사의 진행과 상태

타동사 뒤에 '〜ている'가 연결되면, 진행 또는 상태를 나타냅니다.

① 〜を + 타동사 + ている: 〜을/를 〜하고 있다 (진행)
ドアを開けている。 문을 열고 있다.
ご飯を食べている。 밥을 먹고 있다.

어휘

• 走る 달리다
• 電気 (전깃)불
• 付く 켜지다
• 本 책
• 読む 읽다
• 名前 이름
• 書く 쓰다
• 開ける 열다
• ご飯 밥
• 食べる 먹다

※착용동사: 옷, 장신구 등 착용에 관한 동사

착용동사는 진행과 상태를 둘 다 표현할 수 있습니다. 어떤 일정한 행동이 진행된 후 진행이 끝나면 결국 그 상태가 유지되기 때문입니다. 예를 들면 신발을 신고 있으면 언젠가는 신발을 신는 (순간의) 행위가 끝나고 신고 있는 상태가 유지가 되는 경우에 해당합니다.

> **着る** (상의)입다, **履く** (하의·신발)입다·신다,
>
> **かぶる** 쓰다, **かける** 쓰다·걸다, **しめる** 매다

<ruby>着物<rt>き もの</rt></ruby>を<ruby>着<rt>き</rt></ruby>ている。기모노를 입고 있다.

くつを<ruby>履<rt>は</rt></ruby>いている。구두를 신고 있다.

<ruby>眼鏡<rt>め がね</rt></ruby>をかけている。안경을 쓰고 있다.

ネクタイをしめている。넥타이를 매고 있다.

② ～が + 타동사 + てある: ～이/가 ～해져 있다 (인위적인 상태)

ドアが<ruby>閉<rt>し</rt></ruby>めてある。문이 닫혀 있다.

<ruby>電気<rt>でん き</rt></ruby>が<ruby>付<rt>つ</rt></ruby>けてある。불이 켜져 있다.

～が + **자동사** + ている (단순, 자연 상태)	～が + **타동사** + てある (인위적인 상태)
ドアが<ruby>開<rt>あ</rt></ruby>いている 문이 열려 있다	ドアが<ruby>開<rt>あ</rt></ruby>けてある 문이 열려 있다
ドアが<ruby>閉<rt>し</rt></ruby>まっている 문이 닫혀 있다	ドアが<ruby>閉<rt>し</rt></ruby>めてある 문이 닫혀 있다

 주의! 알아두기

똑같이 문이 열려 있는 상태지만 뉘앙스가 다릅니다. 단순, 자연 상태는 무엇에 의한 것인지 상관 없이 단지 열려 있는 상태를 말하고 싶을 때 사용하며, 인위적인 상태는 열려 있는 상태보다는 누군가 의도적으로 열어 그 상태에 이르렀다는 것을 강조합니다.

어휘

• **<ruby>着物<rt>き もの</rt></ruby>** 기모노

• **くつ** 구두

• **ネクタイ** 넥타이

• **<ruby>閉<rt>し</rt></ruby>める** 닫다

• **<ruby>開<rt>あ</rt></ruby>ける** 열다

연습해 봅시다!

☑ **다음 괄호 안에 적당한 것을 골라 보세요.**

(1) コップにコーヒーが(　　　　　)あります。

　① 入<ruby>い</ruby>れて　　　　　　　② 入<ruby>はい</ruby>って

(2) ドアが閉<ruby>し</ruby>めて(　　　　　)。

　① います　　　　　　　② あります

(3) 眼鏡<ruby>めがね</ruby>をかけて(　　　　　)。

　① います　　　　　　　② あります

(4) 子供<ruby>こども</ruby>が走<ruby>はし</ruby>って(　　　　　)。

　① います　　　　　　　② あります

확인해 봅시다!

☑ **다음 문장 중 색으로 표시된 부분을 주의하며 일본어로 써 보세요.**

(1) 창문이 열려 있어서 춥습니다.

[창문 窓 | 열리다 開く | 있다 いる | 춥다 寒い]

_____

(2) 쓰레기가 버려져 있습니다.(인위적)

[쓰레기 ゴミ | 버리다 捨てる | 있다 ある]

_____

(3) 바람이 들어오도록, 창문이 열려 있습니다.

[바람 風 | 들어오다 入る | ~하도록 ~ように | 창문 窓 | 열다 開ける | 있다 ある]

_____

(4) 김 선생님은 안경을 쓰고 있습니다.

[김 선생님 金先生 | 안경 眼鏡 | 쓰다 かける | 있다 いる]

_____

정답은 291쪽에서
확인하세요!

UNIT 25 동사 た형 이해하기

STEP 1 오늘의 포인트

☑ 문법 포인트를 미리 파악해 볼까요?

① 일본에 도착했다.

② 일본 라면을 먹은 적이 없다.

③ 연예인을 만난 적이 있습니까?

④ 오늘은 쉬는 편이 좋겠습니다.

 주목! 오늘의 핵심

과거의 경험과 이러한 경험을 통해 충고나 제안을 해주는 경우가 많이 있지요. 자, 지금부터 이 표현들에 대해서 공부해 봅시다.

STEP 2 외워 봅시다! TRACK 25-01

☑ 오늘 나오는 단어를 미리 외워 볼까요?

배우다 習う | 비행기 飛行機 | 타다 乗る | 기쁘다 うれしい
행복하다 幸せだ | 지갑 財布 | 잃어버리다 無くす | 도착하다 着く

 반짝 반짝! 보물 같은 키워드

일본에서는 배우, 탤런트, 가수, 코미디언 등의 모든 연예인을 통틀어 芸能人이라고 한답니다.

1 동사의 た형 ~했다(~ました의 반말)

동사의 た형은 앞에서 배운 て형과 접속 형태가 동일합니다. 즉 'て'를 'た'로 바꾸기만 하면 됩니다. 먼저 명사와 형용사의 た형을 살펴봅시다.

품사	예	과거형(た형)
명사	学生だ 학생이다	学生だった 학생이었다
い형용사	おもしろい 재미있다	おもしろかった 재미있었다
な형용사	親切だ 친절하다	親切だった 친절했다

(1) 3그룹

'来る(오다)'와 'する(하다)'는 불규칙적으로 활용되니 암기가 필요합니다.

> 来る(오다) → 来た(왔다)
>
> する(하다) → した(했다)

私は友達に会いにアメリカに来た。[来る]
나는 친구를 만나러 미국에 왔다.

友達に会って、勉強をした。[する] 친구를 만나서, 공부를 했다.

주의! 알아두기

た형은 신체적으로 '어떤 상태에 도달했음'을 나타내는 경우에도 쓰입니다. 예를 들면, 'お腹がすいた(배가 고프다)', '疲れた(피곤하다)'와 같은 경우는 た형을 사용했지만, '~했다'라고 해석하지 않습니다.

— 어휘
• ~に会う ~을/를 만나다
• 勉強 공부

(2) 2그룹

어미 '**る**'를 떼고 '**た**'를 붙입니다. 2그룹은 어미가 '**る**'로 통일되어 있으므로 간단하게 무조건 '**る**'만 떼어버리면 됩니다.

```
い단 + る
            → た
え단 + る
```

1) い단+**る** → た   2) え단+**る** → た
見**る**(보다) → 見**た**(봤다)   食べ**る**(먹다) → 食べ**た**(먹었다)

今朝は8時に起きた。[起きる] 오늘 아침에는 8시에 일어났다.
パンを食べて、出かけた。[出かける] 빵을 먹고 외출했다.

(3) 1그룹

1그룹은 て형과 마찬가지로 어미(**う, く, ぐ, す, つ, ぬ, ぶ, む, る**)가 다양하므로 음편 현상이 일어난 후 '**た**'를 붙입니다.

1) 어미가 '**く**', '**ぐ**'인 1그룹 동사는 '**く**', '**ぐ**'가 '**い**'로 바뀌고 각각 '**た**'와 '**だ**'가 접속합니다. 다만, 예외적으로 '行く(가다)'는 '行いた'가 아니라 '行った'로 활용합니다.

```
く → いた        ぐ → いだ
```

書く(쓰다) → 書いた(썼다)   ぬぐ(벗다) → ぬいだ(벗었다)

風邪を引いた。[引く] 감기에 걸렸다.
友達とプールで泳いだ。[泳ぐ] 친구와 수영장에서 수영했다.

어휘
- **今朝** 오늘 아침
- **出かける** 외출하다
- **風邪を引く** 감기에 걸리다
- **プール** 수영장
- **泳ぐ** 수영하다

2) 어미가 'む', 'ぬ', 'ぶ'인 1그룹 동사는 'む', 'ぬ', 'ぶ'가 'ん'으로 바뀌고 'だ'
가 접속합니다.

む・ぬ・ぶ → んだ

読む(읽다) → 読んだ(읽었다)
死ぬ(죽다) → 死んだ(죽었다)
呼ぶ(부르다) → 呼んだ(불렀다)

昨日は友達とお酒を飲んだ。[飲む] 어제는 친구와 술을 마셨다.
日曜日は子供と遊んだ。[遊ぶ] 일요일에는 아이와 놀았다.

3) 어미가 'う', 'つ', 'る'인 1그룹 동사는 'う', 'つ', 'る'가 'っ'로 바뀌고 'た'가
접속합니다.

う・つ・る → った

買う(사다) → 買った(샀다)
立つ(서다) → 立った(섰다)
乗る(타다) → 乗った(탔다)

今日はバスに乗った。[乗る] 오늘은 버스를 탔다.
うちに帰って、お風呂に入った。[入る] 집에 돌아와서 목욕을 했다.

── 어휘

• 昨日 어제
• お酒 술
• 日曜日 일요일
• 子供 아이
• 遊ぶ 놀다
• うち (자신의) 집
• 帰る 돌아오다, 돌아가다
• お風呂に入る 목욕을 하다

160

4) 어미가 'す'인 1그룹 동사는 'す'가 'し'로 바뀌고 'た'가 접속합니다.

す → した

話_{はな}す(이야기하다) → 話_{はな}した(이야기했다)

友達_{ともだち}と話_{はな}した。[話_{はな}す] 친구와 이야기했다.
ケータイを落_おとして壊_{こわ}した。[壊_{こわ}す] 휴대전화를 떨어뜨려서 고장냈다.

② 동사 た형 + ことがある/ことがない
~한 적이 있다/~한 적이 없다 (과거의 경험 유무)

'~たことがある/~たことがない'의 형태로 과거의 경험의 유무를 표현합니다. 과거의 경험 유무를 나타내므로 반드시 た형에 접속한다는 것을 기억해 두세요.

1) 동사 た형 + ことがある: ~한 적이 있다
日本語_{にほんご}を習_{なら}ったことがある。[習_{なら}う] 일본어를 배운 적이 있다.
飛行機_{ひこうき}に乗_のったことがあります。[乗_のる] 비행기를 탄 적이 있습니다.

2) 동사 た형 + ことがない: ~한 적이 없다
日本語_{にほんご}を習_{なら}ったことがない。[習_{なら}う] 일본어를 배운 적이 없다.
飛行機_{ひこうき}に乗_のったことがないです。[乗_のる] 비행기를 탄 적이 없습니다.

3) 타 품사의 과거형에 연결

うれしい (기쁘다) → うれしかったことがある (기뻤던 적이 있다)

うれしかったことがない (기뻤던 적이 없다)

幸_{しあわ}せだ (행복하다) → 幸_{しあわ}せだったことがある (행복했던 적이 있다)

幸_{しあわ}せだったことがない (행복했던 적이 없다)

주의 알아두기

'사전형+ことがある'는 '(간혹)~하는 일이 있다'라는 의미입니다.

━ 어휘

• ケータイ 휴대전화
• 落_おとす 떨어뜨리다
• 壊_{こわ}す 고장내다
• 習_{なら}う 배우다
• 飛行機_{ひこうき} 비행기

3 동사 た형 + 方がいい ~하는 편이 좋겠다 (충고/조언 표현)

'~た方がいい'의 형태로 자기 생각이나 의견을 상대방에게 제안 또는 충고
(조언)할 때 쓰는 표현 입니다. 화자 자신의 경험을 바탕으로 충고나 조언을 해
주는 경우가 많으므로 た형에 접속합니다.

今日は休んだ方がいいです。[休む] 오늘은 쉬는 편이 좋겠습니다.

ダイエットをした方がいい。[する] 다이어트를 하는 편이 좋겠다.

※타 품사 접속

품사	접속 형태	예
명사	명사 + の方がいい	ジュースの方がいい 주스 쪽이 좋겠다
い형용사	~い + 方がいい	からい方がいい 매운 쪽이 좋겠다
な형용사	~だ→な + 方がいい	親切な方がいい 친절한 쪽이 좋겠다

주의! 알아두기

'方'는 '~쪽/~편'이라는 의미를
가진 명사라는 것을 기억해 두
어야 타 품사 접속형태를 이해
하기 쉽습니다.

「암기! 한눈에 파악하기」

그룹	공식
3그룹	来る → 来た する → した
2그룹	い단 + る え단 + る → た
1그룹	く → いた ぐ → いだ む, ぬ, ぶ → んだ う, つ, る → った す → した 예외) 行く → 行った

― 어휘

· 休む 쉬다

· ダイエット 다이어트

· ジュース 주스

· からい 맵다

· 親切だ 친절하다

162

연습해 봅시다!

EXERCISE

☑ **다음 보기를 이용하여 문장을 만들어 보세요.**

〈보기〉

海外に行く 해외에 가다 ┃ 財布を無くす 지갑을 잃어버리다

アルバイトをする 아르바이트를 하다 ┃ 薬を飲む 약을 먹다

運動をする 운동을 하다 ┃ 化粧をする 화장을 하다

(1) 해외에 간 적이 있다.

_____

(2) 지갑을 잃어버린 적이 있다.

_____

(3) 아르바이트를 한 적이 없다.

_____

(4) 약을 먹는 편이 좋겠습니다.

_____

(5) 운동을 하는 편이 좋겠습니다.

_____

(6) 화장을 하는 편이 좋겠습니다.

_____

☑ 다음 문장 중 색으로 표시된 부분을 주의하며 일본어로 써 보세요.

(1) 일본에 도착했다.

[일본 日本 | 도착하다 着く]

_____

(2) 일본 라면을 먹은 적이 없다.

[일본 日本 | 라면 ラーメン | 먹다 食べる]

_____

(3) 연예인을 만난 적이 있습니까?

[연예인 芸能人 | 만나다 会う]

_____

(4) 오늘은 쉬는 편이 좋겠습니다.

[오늘 今日 | 쉬다 休む]

_____

정답은 291쪽에서
확인하세요!

UNIT 26 동사 た형 활용하기(1)

STEP 1 오늘의 포인트

☑ 문법 포인트를 미리 파악해 볼까요?

① 청소를 하거나, 쉬거나 합니다.

② 빵을 먹거나, 라면을 먹거나 합니다.

③ 집 앞을 왔다 갔다 합니다.

④ 바쁘기도 하고, 한가하기도 합니다.

 주목! 오늘의 핵심

공통점은 동작을 나열하거나 열거한다는 것입니다.

STEP 2 외워 봅시다! 🎧 TRACK 26-01

☑ 오늘 나오는 단어를 미리 외워 볼까요?

먹다 食た べる ┃ 쉬다 休やす む ┃ 청소 掃除そうじ ┃ 바쁘다 忙いそが しい ┃ 한가하다 暇ひま だ

밥 ご飯はん ┃ 복잡하다 複雑ふくざつ だ ┃ 시끄럽다 うるさい

 반짝 반짝! 보물 같은 키워드

일본어로 청소는 掃除そうじ ! 쓸 소, 없앨 제, 즉 쓸어서 없앤다는 것이겠지요.

1 동사 た형+り、동사 た형+り
~하거나, ~하거나(~하기도 하고, ~하기도 하고)

'～たり、～たり'는 동작을 열거 또는 나열하거나 대립되는 동작이나 상태의 반복을 나타낼 때 사용합니다. 각 품사의 た형에 접속하며 '～たり、～たり する(~하거나 ~하거나 한다)'의 형태로 많이 쓰입니다.

품사		활용	예
동사	3그룹	불규칙	来る → 来たり(오거나) する → したり(하거나)
	2그룹	る→たり	食べる → 食べたり(먹거나) 見る → 見たり(보거나)
	1그룹	く、ぐ→いたり、いだり む、ぬ、ぶ→んだり う、つ、る→ったり す→したり	書く → 書いたり(쓰거나) 飲む → 飲んだり(마시거나) 会う → 会ったり(만나거나) 話す → 話したり(이야기하거나)
★예외			行く→行ったり(가거나)

運動をしたり、勉強をしたりします。[する]
운동을 하거나, 공부를 하거나 합니다.
朝ご飯はパンを食べたり、スープを飲んだりします。[食べる, 飲む]
아침밥은 빵을 먹거나, 수프를 먹거나 합니다.
音楽を聞いたり、休んだりします。[聞く, 休む]
음악을 듣거나, 쉬거나 합니다.
日曜日には子供と遊んだり、本を読んだりします。[遊ぶ, 読む]
일요일에는 아이와 놀거나, 책을 읽거나 합니다.
お風呂に入ったり、掃除をしたりします。[入る, する]
목욕을 하거나, 청소를 하거나 합니다.

주의! 알아두기

'たり'는 단독으로 쓰이면 열거 이외에 완곡하게 행위를 나타내려 할 때도 사용합니다.

예)
今日は仕事があったりして。
오늘은 일이 있기도 해서.

잠깐! 깨알 정보

'왔다 갔다'는 일본어로 '来たり 行ったり'가 아니라 '行ったり 来たり'라고 합니다.

─ 어휘
- **運動** 운동
- **勉強** 공부
- **朝ご飯** 아침밥
- **パン** 빵
- **スープを飲む** 수프를 먹다
- **音楽** 음악
- **日曜日** 일요일
- **遊ぶ** 놀다
- **お風呂に入る** 목욕을 하다
- **掃除をする** 청소를 하다

② 타 품사의 접속

품사	접속 형태	예
명사	명사 + だったり	映画だったり、買い物だったり 영화이거나 쇼핑이거나
い형용사	~い → かったり	忙しかったり、暇だったり 바쁘거나 한가하거나
な형용사	~だ → だったり	元気だったり、元気じゃなかったり 건강하거나 건강하지 않거나

昼ご飯はパンだったり、ご飯だったりします。
점심밥은 빵이기도 하고, 밥이기도 합니다.
天気はよかったり、悪かったりします。
날씨는 좋기도 하고, 나쁘기도 합니다.
試験は簡単だったり、簡単じゃなかったりします。
시험은 간단하기도 하고, 간단하지 않기도 합니다.

「암기! 한눈에 파악하기」

품사		접속형태	예문
명사		명사+だったり	映画 → 映画だったり (영화이거나)
い형용사		~い+かったり	忙しい → 忙しかったり (바쁘거나)
な형용사		~だ+だったり	元気だ → 元気だったり (건강하거나)
동사	3그룹	불규칙	来る → 来たり(오거나) する → したり(하거나)
	2그룹	る + たり	食べる → 食べたり(먹거나)
	1그룹	く → いたり ぐ → いだり む, ぬ, ぶ → んだり う, つ, る → ったり す → したり	歩く → 歩いたり(걷거나) 泳ぐ → 泳いだり(수영하거나) 呼ぶ → 呼んだり(부르거나) 買う → 買ったり(사거나) 話す → 話したり(이야기하거나)
★예외			行く → 行ったり(가거나)

어휘

· 忙しい 바쁘다
· 元気だ 건강하다

168

연습해 봅시다!

☑ **다음 보기를 이용하여 문장을 만들어 보세요.**

〈보기〉

日本語 일본어 ∣ 簡単だ 간단하다 ∣ 複雑だ 복잡하다 ∣ 学校 학교

静かだ 조용하다 ∣ うるさい 시끄럽다 ∣ 映画 영화 ∣ 見る 보다

コーヒー 커피 ∣ 飲む 마시다

(1) 일본어는 간단하기도 하고, 복잡하기도 합니다.

_____

(2) 학교는 조용하기도 하고, 시끄럽기도 합니다.

_____

(3) 영화를 보거나, 커피를 마시거나 합니다.

_____

확인해 봅시다!

☑ **다음 문장 중 색으로 표시된 부분을 주의하며 일본어로 써 보세요.**

(1) 청소를 하거나, 쉬거나 합니다.

[청소 掃除 | 하다 する | 쉬다 休む]

_____

(2) 빵을 먹거나, 라면을 먹거나 합니다.

[빵 パン | 먹다 食べる | 라면 ラーメン]

_____

(3) 집 앞을 왔다 갔다 합니다.

[집 家 | 앞 前 | 가다 行く | 오다 来る]

_____

(4) 바쁘기도 하고, 한가하기도 합니다.

[바쁘다 忙しい | 한가하다 暇だ]

_____

정답은 291쪽에서
확인하세요!

27 동사 た형 활용하기 (2)

오늘의 포인트

☑ **문법 포인트를 미리 파악해 볼까요?**

① 남자친구가 있다면 함께 놀러 가고 싶습니다.

② 오늘은 쉬는 것은 어떻습니까?

③ 술을 마시면 얼굴이 빨개집니다.

④ 술을 마셨더니 얼굴이 빨개졌습니다.

주목! 오늘의 핵심

'~하면, ~라면'과 같은 가정 또는 조건 표현은 일본어로 어떻게 말할 수 있는지 공부해 봅시다.

외워 봅시다! 🎧 TRACK 27-01

☑ **오늘 나오는 단어를 미리 외워 볼까요?**

올해 今年 | 되다 なる | 어떻습니까? どうですか | 열다 開ける | 보이다 見える

신선하다 新鮮だ | 도착하다 着く | 함께 一緒に | 빨갛다 赤い

반짝 반짝! 보물 같은 키워드

着く는 '도착하다'라는 뜻의 1그룹 동사이지만, 같은 한자를 사용한 着る는 '입다'라는 뜻의 2그룹 동사라는 것을 기억해 두세요.

배워 봅시다! 🎧TRACK 27-02　　G R A M M A R

1 동사 た형 + ら ~하면

일회적인 사항에 대한 조건에 많이 쓰이며, 경험을 나타내기도 합니다. 접속형태는 た형에 접속합니다. 'たら'의 구체적인 용법을 살펴보겠습니다.

 주의! 알아두기

'たら'는 뒤에 오는 문장의 시제에 제약이 없으며 주관적 표현인 명령, 의지, 권유, 희망 등도 올 수 있습니다.

그룹	활용	예
3그룹	불규칙	来る → 来たら (오면) する → したら (하면)
2그룹	る → たら	食べる → 食べたら (먹으면) 見る → 見たら (보면)
1그룹	く, ぐ → いたら, いだら む, ぬ, ぶ → んだら う, つ, る → ったら す → したら	書く → 書いたら (쓰면) 飲む → 飲んだら (마시면) 会う → 会ったら (만나면) 話す → 話したら (이야기하면)
★예외	行く → 行ったら (가면)	

(1) 가정 조건 : ~하면, ~한다면

1) 개별적이고 일회적인 사안이나 우연적인 사건 또는 시간이 지나면 성립되는 확정사실 등에 사용합니다.

むすめは今年の5月になったら、5才になります。[なる]
딸은 올해 5월이 되면, 5살이 됩니다.
今年は、夏休みになったら、沖縄に行きます。[なる]
올해는 여름방학이 되면, 오키나와에 갑니다.
午後になったら、買い物に行きましょうか。[なる]
오후가 되면 쇼핑하러 갈까요?

2) 'たら' 앞 문장의 내용 성립 여부를 알 수 없을 때 사용합니다.

明日雨が降ったら家にいます。[降る]
내일 비가 온다면 집에 있겠습니다.
1億円があったら何がしたいですか。[ある]
1억 엔이 있다면 무엇을 하고 싶습니까?

(2) 권유, 제안 : ~하면(~하는 것은) 어떻습니까?

~たらどうですか를 이용하여 권유 또는 제안의 문장을 만들 수 있습니다.

薬を飲んだらどうですか。[飲む] 약을 먹으면(먹는 것은) 어떻습니까?
早く帰ったらどうですか。[帰る] 빨리 돌아가면(돌아가는 것은) 어떻습니까?
病院に行ったらどうですか。[行く] 병원에 가면(가는 것은) 어떻습니까?

(3) 이유, 발견: ~했더니

새로운 발견, 이유, 뜻밖의 결과 등을 나타낼 때 사용하며 이때 해석은 '~했더니' 라고 합니다. 뒤의 문장에는 반드시 과거형 '~했다/~했습니다'가 와야 합니다.

窓を開けたら、山が見えました。[開ける] 창문을 열었더니 산이 보였습니다.
キムチを食べてみたら、おいしかったです。[食べてみる]
김치를 먹어 봤더니 맛있었습니다.
病院に行ったら、休みでした。[行く] 병원에 갔더니 휴일이었습니다.

── 어휘

· むすめ 딸
· 今年 올해
· ~になる ~이/가 되다
· 夏休み 여름방학
· 午後 오후
· 買い物 쇼핑
· 薬 약
· 帰る 돌아가다, 돌아오다
· 見える 보이다
· 休み 휴일

❷ 타 품사의 접속

품사	접속 형태	예
명사	명사＋だったら	お金持ちだったら 부자라면
い형용사	〜い→かったら	安かったら 싸면
な형용사	〜だ→だったら	親切だったら 친절하면

学生だったらただです。학생이면 무료입니다.
天気がよかったら遊びに行きます。날씨가 좋으면 놀러 가겠습니다.
新鮮だったら食べます。신선하면 먹겠습니다.

「암기! 한눈에 파악하기」

품사		접속형태	예문
명사		명사＋だったら	学生 → 学生だったら (학생이라면)
い형용사		〜だ＋かったら	高い→ 高かったら (비싸면)
な형용사		〜い＋だったら	静かだ→ 静かだったら (조용하면)
동사	3그룹	불규칙	来る→来たら (오면) する→したら (하면)
	2그룹	る＋たら	食べる→食べたら (먹으면)
	1그룹	く→いたら ぐ→いだら む, ぬ, ぶ→んだら う, つ, る→ったら す→したら	書く→書いたら (쓰면) 泳ぐ→泳いだら (수영하면) 飲む→飲んだら (마시면) 会う→会ったら (만나면) 話す→話したら (이야기하면)
★예외		行く→行ったら(가면)	

174

연습해 봅시다!

EXERCISE

☑ **다음 보기를 이용하여 문장을 만들어 보세요.**

〈보기〉

彼女 여자친구 | いる 있다 | 何 무엇 | する 하다 | 日本 일본

着く 도착하다 | 連絡する 연락하다 | 食べてみる 먹어 보다 | 休む 쉬다

おいしい 맛있다 | ドア 문 | 開ける 열다 | 犬 개

(1) 여자친구가 있다면 무엇을 하고 싶습니까? (가정의 たら)

_____

(2) 일본에 도착하면 연락해 주세요. (가정의 たら)

_____

(3) 먹어 보면 어떻습니까?(먹어 보는 것은 어떻습니까?) (권유, 제안의 たら~どうですか)

_____

(4) 쉬면 어떻습니까?(쉬는 것은 어떻습니까?) (권유, 제안의 たら~どうですか)

_____

(5) 먹어 봤더니 맛있지 않았습니다. (이유, 발견의 たら)

_____

(6) 문을 열었더니 개가 있었습니다. (이유, 발견의 たら)

_____

확인해 봅시다!

☑ **다음 문장 중 색으로 표시된 부분을 주의하며 일본어로 써 보세요.**

(1) 남자친구가 있다면 함께 놀러 가고 싶습니다.

[남자친구 彼氏 | 있다 いる | 함께 一緒に | 놀다 遊ぶ | 가다 行く]

_____

(2) 오늘은 쉬는 것은 어떻습니까?

[오늘 今日 | 쉬다 休む]

_____

(3) 술을 마시면 얼굴이 빨개집니다.

[술 酒 | 마시다 飲む | 얼굴 顔 | 빨갛다 赤い | 되다 なる]

_____

(4) 술을 마셨더니 얼굴이 빨개졌습니다.

[술 酒 | 마시다 飲む | 얼굴 顔 | 빨갛다 赤い | 되다 なる]

_____

정답은 292쪽에서
확인하세요!

UNIT 28 동사 ない형 이해하기

STEP 1 오늘의 포인트

☑ **문법 포인트를 미리 파악해 볼까요?**

① 나는 담배를 피우지 않는다.

② 이 방에 들어가지 말아 주세요.

③ 여기에 쓰레기를 버리지 말아 주세요.

④ 밥을 먹지 않고 빵을 먹습니다.

 주목! 오늘의 핵심

동사의 부정형을 익히고 부정형을 이용하여 여러 가지 문형을 만들 수 있습니다.

STEP 2 외워 봅시다! 🎧 TRACK 28-01

☑ **오늘 나오는 단어를 미리 외워 볼까요?**

오다 来る | 하다 する | 말하다 言う | 들어가다, 들어오다 入る

피우다 吸う | 외출하다 出かける | 버리다 捨てる | 쓰다 書く

 반짝 반짝! 보물 같은 키워드

吸う는 '(담배를)피우다'라는 뜻 외에도 '빨다', '들이마시다' 등의 뜻도 있답니다.

배워 봅시다! 🎧 TRACK 28-02　　　G R A M M A R

1 동사의 ない형 ~하지 않다, 안 ~하다 (~ません의 반말)

ない형이란 '~하지 않다, 안 ~하다'의 의미, 즉 부정형입니다. 동사의 종류에 따라 접속형태가 달라집니다. 그럼 동사의 ない형에 대해 살펴 보기 전에 명사의 기본 문형과 형용사의 현재 부정형과 과거 부정형을 다시 한번 복습해 봅시다.

품사	예	현재 부정형(ない형)	과거 부정형
명사	学生だ 학생이다	学生じゃ(=では)ない 학생이 아니다	学生じゃ(=では)なかった 학생이 아니었다
い형용사	おもしろい 재미있다	おもしろくない 재미있지 않다	おもしろくなかった 재미있지 않았다
な형용사	親切だ 친절하다	親切じゃ(=では)ない 친절하지 않다	親切じゃ(=では)なかった 친절하지 않았다

(1) 3그룹

'来る(오다)'와 'する(하다)'는 불규칙적으로 활용되니 암기가 필요합니다.

> 来る(오다) → 来ない(오지 않다, 안 오다)
> する(하다) → しない(하지 않다, 안 하다)

今日、金さんは来ない。[来る] 오늘 김 씨는 오지 않는다.
運動は全然しない。[する] 운동은 전혀 하지 않는다.

— 어휘
・全然 전혀

(2) 2그룹

어미 'る'를 떼고 'ない'를 붙입니다. 2그룹은 어미가 'る'로 통일되어 있으므로 간단하게 무조건 'る'만 떼어버리면 됩니다.

> **い**단 + ~~る~~
> **え**단 + ~~る~~ → **ない**

1) い단+~~る~~ → ない
見る(보다) → 見ない(보지 않다, 안 보다)

2) え단+~~る~~ → ない
食べる(먹다) → 食べない(먹지 않다, 안 먹다)

教室の中には誰もいない。[いる] 교실 안에는 아무도 없다.
週末には朝早く起きない。[起きる] 주말에는 아침 일찍 일어나지 않는다.

(3) 1그룹

1그룹은 어미 う단을 あ단으로 바꾸고 'ない'를 붙입니다. 1그룹은 어미가 통일되어 있지 않기 때문에 뭔가 하나로 통일한다고 보시면 됩니다. 단, 'う'로 끝나는 동사의 ない형은 어미를 'あ'가 아닌 'わ'로 바꾸고 'ない'를 붙입니다.

> (う단) **う, く, ぐ, す, つ, ぬ, ぶ, む, る**
> ↓
> (あ단) **わ, か, が, さ, た, な, ば, ま, ら + ない**

買う(사다) → 買わない(사지 않다, 안 사다)
行く(가다) → 行かない(가지 않다, 안 가다)
飲む(마시다) → 飲まない(마시지 않다, 안 마시다)

新聞を読まない。[読む] 신문을 읽지 않는다.
タクシーに乗らない。[乗る] 택시를 타지 않는다.
誰にも言わない。[言う] 아무에게도 말하지 않는다.

주의 알아두기

'ある(있다)'는 1그룹 동사이지만 부정형은 'ない(없다)'라는 것을 주의하세요! (あらない X)

어휘

• **教室** 교실
• **中** 안
• **週末** 주말
• **新聞** 신문
• **読む** 읽다
• **タクシー** 택시
• **誰にも** 아무에게도
• **言う** 말하다

② 동사 ない형 + でください ~하지 마세요

동사의 ない형에 접속하며, 상대방에게 가볍게 금지하는 지시 또는 명령, 부탁을 할 때 사용합니다.

へやに勝手に入らないでください。[入る] 방에 멋대로 들어가지 마세요.
授業中に電話をしないでください。[する] 수업 중에 전화를 하지 마세요.
ここでタバコを吸わないでください。[吸う] 여기에서 담배를 피우지 마세요.

'ないでください'에서 'ください'를 생략하면 '~하지 마'라는 반말 표현이 됩니다.

③ 동사 ない형 + で ~하지 않고, ~하지 말고

동사 ない형 뒤에 'で'를 붙여 어떤 행위 또는 동작을 하지 않은 상태로 다음 행위나 동작을 한다는 것을 표현할 때 사용합니다. 일반적으로 '~ずに'와 바꿔 쓸 수 있습니다.

タクシーに乗らないで、地下鉄に乗ってください。[乗る]
택시를 타지 말고, 지하철을 타세요.
ご飯を食べないで、出かけました。[食べる]
밥을 먹지 않고, 외출했습니다.
家族にも相談せずに(相談しないで)、会社をやめた。[相談する]
가족에게도 상담하지 않고, 회사를 그만두었다.

'ずに'는 'ない'형에 접속하지만 'する'일 때는 'せずに'가 된다는 것을 알아두세요! (しずにX)

「암기! 한눈에 파악하기」

그룹	공식
3그룹	来る → 来ない する → しない
2그룹	い단 + る え단 + る → ない
1그룹	う단 → あ단 + ない 예외) ~う → ~わない

─ 어휘

- **へや** 방
- **勝手に** 멋대로
- **入る** 들어가다, 들어오다
- **授業中** 수업 중
- **タバコ** 담배
- **吸う** 피우다
- **タクシー** 택시
- **地下鉄** 지하철
- **出かける** 외출하다
- **相談する** 상담하다
- **やめる** 그만두다

연습해 봅시다!

☑ **다음 동사를 ない형으로 바꾸고 여러 가지 활용을 만들어 보세요.**

동사	ない	ないで	ずに
(1) 吸う 피우다			
(2) 捨てる 버리다			
(3) 書く 쓰다			
(4) する 하다			
(5) 来る 오다			
(6) 入る 들어가다, 들어오다			

☑ **다음 문장 중 색으로 표시된 부분을 주의하며 일본어로 써 보세요.**

    (1) 나는 담배를 피우지 않는다.

      [나 私 | 담배 タバコ | 피우다 吸う]

    _____

    (2) 이 방에 들어가지 말아 주세요.

      [방 へや | 들어가다 入る]

    _____

    (3) 여기에 쓰레기를 버리지 말아 주세요.

      [여기 ここ | 쓰레기 ゴミ | 버리다 捨てる]

    _____

    (4) 밥을 먹지 않고 빵을 먹습니다.

      [밥 ご飯 | 먹다 食べる | 빵 パン]

    _____

정답은 292쪽에서
확인하세요!

29 동사 ない형 활용하기

STEP 1

오늘의 포인트

☑ **문법 포인트를 미리 파악해 볼까요?**

① 무리하지 않는 편이 좋습니다.

② 학생은 공부해야 합니다.

③ 일요일은 회사에 가지 않아도 됩니다.

④ 먹기 싫어? 먹지 않아도 돼!

 주목! 오늘의 핵심

ない형을 이용하여 제안 및 충고, 불필요와 필요 및 의무의 문형을 공부해 봅시다.

STEP 2

외워 봅시다! 🎧 TRACK 29-01

☑ **오늘 나오는 단어를 미리 외워 볼까요?**

피우다 吸う | 무리하다 無理する | 돌아가다, 돌아오다 帰る

쉬다 休む | 오다 来る | 공부하다 勉強する | 일요일 日曜日

 반짝 반짝! 보물 같은 키워드

요일은 曜日! '月曜日(월요일)', '火曜日(화요일)', '水曜日(수요일)', '木曜日(목요일)', '金曜日
(금요일)', '土曜日(토요일)'도 함께 알아두세요.

1 동사 ない형 + 方がいい ~하지 않는 편이 좋다

동사의 ない형을 사용하여 제안, 충고 하는 표현입니다.

품사	예	부정형(ない형)	~ない方がいい
명사	日本人だ 일본인이다	日本人じゃ(=では)ない 일본인이 아니다	日本人じゃ(=では) ない方がいい 일본인이 아닌 편이 좋다
い형용사	遠い 멀다	遠くない 멀지 않다	遠くない方がいい 멀지 않은 편이 좋다
な형용사	不便だ 불편하다	不便じゃ(=では)ない 불편하지 않다	不便じゃ(=では) ない方がいい 불편하지 않은 편이 좋다
동사	行く 가다	行かない 가지 않다	行かない方がいい 가지 않는 편이 좋다

 주의! 알아두기

동사 た형을 활용한 조언 표현 '~た方がいい(~하는 편이 좋다)'는 UNIT25를 참고하여 복습해 보세요.

タバコを吸わない方がいい。[吸う]
담배를 피우지 않는 편이 좋다.
寝る前には食べない方がいいです。[食べる]
자기 전에는 먹지 않는 편이 좋습니다.
今日は無理しない方がいい。[無理する]
오늘은 무리하지 않는 편이 좋다.

―― 어휘

· 日本人 일본인
· 吸う 피우다
· 寝る 자다
· 前 전, 앞
· 今日 오늘
· 無理する 무리하다

② 동사 ない형 + なくてもいい ~하지 않아도 좋다/된다

'~할 필요가 없다'는 의미로 어떤 행위를 하지 않아도 좋다는 의미입니다. 같은 표현으로 '~なくても大丈夫だ(~하지 않아도 괜찮다)' 또는 '~なくてもかまわない(~하지 않아도 상관없다)'가 있습니다.

품사	예	부정형(ない형)	~なくてもいい
명사	学生だ 학생이다	学生じゃ(=では)ない 학생이 아니다	学生じゃ(=では)なくてもいい 학생이 아니어도 좋다
い형용사	高い 비싸다	高くない 비싸지 않다	高くなくてもいい 비싸지 않아도 좋다
な형용사	静かだ 조용하다	静かじゃ(=では)ない 조용하지 않다	静かじゃ(=では)なくてもいい 조용하지 않아도 좋다
동사	行く 가다	行かない 가지 않다	行かなくてもいい 가지 않아도 좋다

このパンを食べなくてもいいですか。[食べる]
이 빵을 먹지 않아도 됩니까?

明日は来なくてもいいですか。[来る]
내일은 오지 않아도 됩니까?

へやはきれいじゃなくてもいい。[きれいだ]
방은 깨끗하지 않아도 좋다.

주의! 알아두기

동사 て형을 활용한 조언 표현 '~てもいい(~해도 좋다)'는 UNIT21를 참고하여 복습해 보세요.

주의! 알아두기

부정표현 'ない'는 'い'로 끝나므로 い형용사와 동일하게 활용합니다. 따라서 て형이 접속하면 'くて'가 되므로 '~なくて'가 됩니다.

─ 어휘
- **明日** 내일
- **へや** 방
- **きれいだ** 깨끗하다

3 동사 ない형 + なくてはいけません ~해야만 합니다(의무, 필요)

'~하지 않아서는 안 됩니다'의 의미로 결국 '~해야만 한다'는 의무 또는 필요를
나타냅니다. 이것은 주로 개별적인 사정으로 인한 의무나 필요가 생긴 경우에
사용합니다. 회화체로는 '~なくちゃだめです'를 사용하는데, 뒤 문장 'だめ
です'를 생략하여 'なくちゃ~'만 사용하기도 합니다.

주의 알아두기

같은 표현으로 '~なければいけ
ません'이 있습니다.

품사	예	부정형(ない형)	~なくてはいけません
명사	学生だ 학생이다	学生じゃ(=では)ない 학생이 아니다	学生じゃ(=では) なくてはいけません 학생이어야만 합니다
い형용사	広い 넓다	広くない 넓지 않다	広くなくてはいけません 넓어야만 합니다
な형용사	静かだ 조용하다	静かじゃ(=では)ない 조용하지 않다	静かじゃ(=では) なくてはいけません 조용해야만 합니다
동사	行く 가다	行かない 가지 않다	行かなくてはいけません 가야만 합니다

早く帰らなくてはいけません。[帰る] 일찍 돌아가야만 합니다.
薬を飲まなくてはいけません。[飲む] 약을 먹어야만 합니다.
仕事をしなくちゃだめです。[する] 일을 해야만 합니다.

─ 어휘

• **早く** 일찍, 빨리
• **帰る** 돌아가다, 돌아오다
• **薬を飲む** 약을 먹다
• **仕事** 일

연습해 봅시다!

☑ **다음 보기를 이용하여 문장을 만들어 보세요.**

〈보기〉

休む 쉬다 ｜ 来る 오다

(1) 쉬지 않는 편이 좋다.

_____

(2) 쉬지 않아도 된다.

_____

(3) 쉬어야만 합니다.

_____

(4) 오지 않는 편이 좋다.

_____

(5) 오지 않아도 된다.

_____

(6) 와야만 합니다.

_____

확인해 봅시다!

EXERCISE

☑ **다음 문장 중 색으로 표시된 부분을 주의하며 일본어로 써 보세요.**

(1) 무리하지 않는 편이 좋습니다.

[무리하다 無理^{むり}する]

_____

(2) 학생은 공부해야 합니다.

[학생 学生^{がくせい} | 공부하다 勉強^{べんきょう}する]

_____

(3) 일요일은 회사에 가지 않아도 됩니다.

[일요일 日曜日^{にちようび} | 회사 会社^{かいしゃ} | 가다 行^いく]

_____

(4) 먹기 싫어? 먹지 않아도 돼!

[먹다 食^たべる]

_____

정답은 292쪽에서 확인하세요!

30 총정리 확인 학습(2)

STEP 1 오늘의 목표

☑ **19강부터 29강까지의 내용을 정리해 볼까요?**

① 동사 て형 활용 방법　　④ 동사 た형의 활용

② 동사 て형의 활용　　⑤ 동사 ない형 활용 방법

③ 동사 た형 활용 방법　　⑥ 동사 ない형의 활용

STEP 2 단어 정리 🎧 TRACK 30-01

☑ **19강부터 29강까지 나왔던 단어를 점검해 볼까요?**

감기에 걸리다 風邪を引く	알다 知る	올해 今年
집 家	살찌다 太る	신선하다 新鮮だ
끝나다 終わる	~이/가 열리다 ~が開く	빨갛다 赤い
화장을 하다 化粧をする	~을/를 열다 ~を開ける	외출하다 出かける
사전을 찾다 辞書を引く	비행기 飛行機	버리다 捨てる
준비 用意	도착하다 着く	피우다 吸う
두다, 놓다 置く	바쁘다 忙しい	무리하다 無理する
참다 がまんする	한가하다 暇だ	일요일 日曜日

문형 정리

R E V I E W

① 동사 て형 활용 방법

그룹	기본형	て형 활용 방법
3그룹	来る, する	来て, して
2그룹	い단/え단＋る	い단/え단＋る→て
1그룹	1) ~く, ぐ 2) ~む, ぬ, ぶ 3) ~う, つ, る 4) ~す	いて, いで (行く → 行って) んで って して

② 동사 て형의 활용

접속 형태		의미
て형	てから	~하고 나서
	てください	~해 주세요
	てくださいませんか	~해 주시지 않겠습니까?
	てもいいです	~해도 좋습니다/됩니다/괜찮습니다
	てはいけません	~해서는 안 된다
	てみる	~해 보다
	てくる	~하고 오다, ~해져 오다
	ていく	~하고 가다, ~해져 가다
	ておく	~해 두다/놓다
	てしまう	~해 버리다, ~하고 말다
	ている	~하고 있다, ~해져 있다

(1) 완료, 미완료 표현

1) 완료: もう ~ました 벌써 ~했습니다

2) 미완료: まだ ~ていません 아직 안 ~했습니다

(2) ～ている

1) 동작의 진행: ～하고 있다

2) 동작의 상태: ～해져 있다

3) 항상 ～ている만 써야 하는 경우

    ① 어떤 결과의 상태가 지속되는 동사: 知る(알다), 住む(살다), 結婚する(결혼하다) 등

    ② 옷, 장신구 착용에 관한 동사: 着る(상의를 입다), 履く(하의를 입다, 신다),

                                  かぶる(쓰다), かける(쓰다, 걸다) 등

    ③ 신체적 특징을 나타내는 동사(형용사와 비슷): 太る(뚱뚱하다), やせる(마르다), 似る(닮다) 등

(3) 자동사와 타동사의 진행과 상태

1) 자동사

    ① ～が + 자동사 + ている: ～이/가 ～하고 있다(진행)

    ② ～が + 자동사 + ている: ～이/가 ～해져 있다(단순, 자연상태)

2) 타동사

    ① ～を + 타동사 + ている: ～을/를 ～하고 있다(진행)

    ② ～が + 타동사 + てある: ～이/가 ～해져 있다(인위적 상태)

    예외 : 옷, 장신구 착용에 관한 동사는 타동사일지라도 ている를 연결하면 일반적으로 상태를 나타냄

❸ 동사 た형 활용 방법

그룹	기본형	た형 활용 방법
3그룹	来る, する	来た, した
2그룹	い단/え단 + る	い단/え단 + る → た
1그룹	1) ～く, ぐ 2) ～む, ぬ, ぶ 3) ～う, つ, る 4) ～す	いた, いだ (行く → 行った) んだ った した

たり&たら

그룹	기본형	たり	たら
3그룹	来る, する	来たり, したり	来たら, したら
2그룹	い단/え단 + る	い단/え단 + る → たり	い단/え단 + る → たら

1그룹	1) ~く, ぐ	いたり, いだり (行く → 行ったり)	いたら, いだら (行く → 行ったら)
	2) ~む, ぬ, ぶ	んだり	んだら
	3) ~う, つ, る	ったり	ったら
	4) ~す	したり	したら

4 동사 た형의 활용

	접속 형태	의미
た형	たことがある	~한 적이 있다
	たことがない	~한 적이 없다
	た方がいい	~하는 편이 좋겠다
	たり	~하거나
	たら	~하면

5 ない형 활용 방법

그룹	기본형	ない형 활용 방법
3그룹	来る, する	来ない, しない
2그룹	い단/え단 + る	い단/え단 + る → ない
1그룹	2그룹, 3그룹 제외한 나머지	う단 → あ단 + ない ~う → わない

6 동사 ない형의 활용

	접속 형태	의미
ない형	ないでください	~하지 마세요
	ないで	~하지 않고, ~하지 말고
	ない方がいい	~하지 않는 편이 좋다
	なくてもいい	~하지 않아도 좋다/된다
	なくてはいけません	~해야만 합니다

최종 연습 🎧 TRACK 30-02

1 한국어 문장을 일본어로 작문해 보세요.

┌─〈힌트〉─────────────────────────────────────┐

~을/를 만나다 ~に会う | 서울 ソウル | 명동 ミョンドン | 방 へや | 쉬다 休む | 고맙다 ありがとう |

담배 タバコ | 피우다 吸う | 아니 ううん | 응 うん | 알았다 分かった | 잘 자 お休み | 공부 勉強

| 잊다, 깜박하다 忘れる | 물론 もちろん | 앗 あっ | 지갑 財布 | 가지다 持つ | 다행이다 よかった

└──┘

(1) 나는 하루코를 만났습니다.　　　　＿＿＿＿＿＿＿＿＿＿＿＿＿＿＿＿

(2) 하루코를 만나서 밥을 먹고 나서　　＿＿＿＿＿＿＿＿＿＿＿＿＿＿＿＿

(3) 맥주를 마시러 갔습니다.　　　　　＿＿＿＿＿＿＿＿＿＿＿＿＿＿＿＿

(4) 나는 하루코와 서울의 명동에서　　＿＿＿＿＿＿＿＿＿＿＿＿＿＿＿＿

(5) 맥주를 마신 적이 있습니다.　　　　＿＿＿＿＿＿＿＿＿＿＿＿＿＿＿＿

(6) 오늘도 하루코와 이야기하기도 하고　＿＿＿＿＿＿＿＿＿＿＿＿＿＿＿＿

(7) 맥주를 마시기도 했습니다.　　　　＿＿＿＿＿＿＿＿＿＿＿＿＿＿＿＿

〈하루코의 집〉

(8) 하루코: 내 방에서 쉬어도 좋아.　　＿＿＿＿＿＿＿＿＿＿＿＿＿＿＿＿

(9) 나: 고마워. 저, 방에서 담배를 피워도 돼?　＿＿＿＿＿＿＿＿＿＿＿＿＿＿

(10) 하루코: 아니. 담배는 피우면 안 돼. 담배는 피우지 않는 편이 좋아.

＿＿＿＿＿＿＿＿＿＿＿＿＿＿＿＿＿＿＿＿＿＿＿＿＿＿＿＿＿＿＿＿

(11) 나: 응, 알았어. 잘 자.　　　　　＿＿＿＿＿＿＿＿＿＿＿＿＿＿＿＿

〈공항〉

(12) 하루코: 공부 열심히 해. 나를 잊지 마.　＿＿＿＿＿＿＿＿＿＿＿＿＿＿

(13) 나: 물론, 하루코도! 앗! 지갑 깜박해 버렸다!　＿＿＿＿＿＿＿＿＿＿＿

(14) 하루코: 내가 가져 왔어.　　　　＿＿＿＿＿＿＿＿＿＿＿＿＿＿＿＿

(15) 나: 다행이다. 고마워!　　　　　＿＿＿＿＿＿＿＿＿＿＿＿＿＿＿＿

2 일본어 문장을 한국어로 해석해 보세요.

(1) 私は春子に会いました。 _____

(2) 春子に会ってご飯を食べてから _____

(3) ビールを飲みに行きました。 _____

(4) 私は春子とソウルのミョンドンで、 _____

(5) ビールを飲んだことがあります。 _____

(6) 今日も春子と話したり、 _____

(7) ビールを飲んだりしました。 _____

＜春子の家＞

(8) 春子：私のへやで休んでもいい。 _____

(9) 私：ありがとう。あの、へやでタバコを吸ってもいい？

_____

(10) 春子：ううん。タバコは吸ってはだめ。タバコは吸わない方がいい。

_____

(11) 私：うん、分かった。お休み。 _____

＜空港＞

(12) 春子：勉強がんばって。私を忘れないで。 _____

(13) 私：もちろん、春子も！あっ！財布忘れてしまった!

_____

(14) 春子：私が持ってきた。 _____

(15) 私：よかった。ありがとう! _____

LAST 통 문장 암기
위에 나왔던 문장을 통째로 암기해서
완벽하게 내 것으로 만들어 보세요!

정답은 292쪽에서
확인하세요!

31 동사 가능형 이해하기

STEP 1

오늘의 포인트

☑ **문법 포인트를 미리 파악해 볼까요?**

① 일본어 책을 읽을 수 있도록 되었습니다.

② 예약을 취소할 수 있습니까?

③ 일이 있어서 일찍 돌아갈 수 없어요.

④ 나는 와인은 못 마시지만, 맥주는 마실 수 있습니다.

 주목! 오늘의 핵심

어떠한 행위가 가능한지 불가능한지 가능 여부에 관한 표현들을 알아봅시다. 이를 위해 동사의 가능형에 대해서도 공부해 봅시다.

STEP 2

외워 봅시다! TRACK 31-01

☑ **오늘 나오는 단어를 미리 외워 볼까요?**

할 수 있다, 생기다, 완성하다 できる ㅣ 회 刺身(さしみ) ㅣ 공연 중 公演中(こうえんちゅう)

일어나다 起(お)きる ㅣ 빌리다 借(か)りる ㅣ 취소하다 取(と)り消(け)す ㅣ 대답하다 答(こた)える

 반짝 반짝! 보물 같은 키워드

取(と)り消(け)す는 '취소하다'인데, 같은 말로 キャンセルする라고도 할 수 있답니다.

1 가능 표현

일본어로 '~을/를 할 수 있다' 또는 '~을/를 할 수 없다'라는 의미의 가능 표현은 두 가지 방식으로 나타낼 수 있습니다.

(1) 명사 + ができる ~을/를 할 수 있다

日本語ができますか。일본어를 할 수 있습니까?

料理ができます。요리를 할 수 있습니다.

運転ができる。운전을 할 수 있다.

(2) 동사 기본형 + ことができる ~할 수 있다

英語の本を読むことができる。영어 책을 읽을 수 있다.

刺身を食べることができます。회를 먹을 수 있습니다.

公演中に写真を撮ることができません。공연 중에 사진을 찍을 수 없습니다.

주의 알아두기

'~을/를 할 수 있다'이므로 목적격 조사 'を'를 쓸 것 같지만 'が'를 쓴다는 것을 기억해 두세요.

주의 알아두기

'できる'의 기본 뜻은 '할 수 있다'이지만 그 이외에도 '생기다', '완성되다'라는 뜻이 있습니다.

예) 赤ちゃんができる。
아기가 생기다.
論文ができる。
논문이 완성된다.

― 어휘

• 料理 요리
• 運転 운전
• 英語 영어
• 刺身 회
• 公演中 공연 중
• 写真を撮る 사진을 찍다
• 赤ちゃん 아기
• 論文 논문

❷ 동사의 가능형

동사를 '~할 수 있다'라는 의미의 가능형으로 활용하는 방법을 알아봅시다.

(1) 3그룹

'来る(오다)'와 'する(하다)'는 불규칙적으로 활용되니 암기가 필요합니다.

> 来る(오다) → 来られる(올 수 있다)
>
> する(하다) → できる(할 수 있다)

今日は金さんも来られる。[来る] 오늘은 김 씨도 올 수 있다.
日本語ができますか。[する] 일본어를 할 수 있습니까?

(2) 2그룹

어미 'る'를 떼고 'られる'를 붙입니다. 2그룹은 어미가 'る'로 통일되어 있으므로 간단하게 무조건 'る'만 떼어버리면 됩니다.

> い단 + る
> え단 + る → られる

1) い단+る → られる
見る(보다) → 見られる(볼 수 있다)

2) え단+る → られる
食べる(먹다) → 食べられる(먹을 수 있다)

朝早く起きられます。[起きる] 아침 일찍 일어날 수 있습니다.
本が借りられる。[借りる] 책을 빌릴 수 있다.

어휘

• 朝早く 아침 일찍
• 起きる 일어나다
• 本 책
• 借りる 빌리다

(3) 1그룹

1그룹은 어미 う단을 え단으로 바꾸고 'る'를 붙입니다. 1그룹은 어미가 통일

되어 있지 않기 때문에 뭔가 하나로 통일한다고 보시면 됩니다.

> (う단) **う, く, ぐ, す, つ, ぬ, ぶ, む, る**
> ↓
> (え단) **え, け, げ, せ, て, ね, べ, め, れ + る**

주의! 알아두기

'～に会う', '～に乗る'처럼 원래 부터 'を'를 쓰지 않는 동사는 가능형에서도 조사를 바꾸지 않는다는 것을 주의하세요!

行く(가다) → 行ける(갈 수 있다)
飲む(마시다) → 飲める(마실 수 있다)

自転車に乗れますか。[乗る] 자전거를 탈 수 있습니까?
私は行けない。[行く] 나는 갈 수 없다.

❸ 동사 가능형+ようになる ~할 수 있도록 되다(변화)

동사 가능형에 변화를 나타내는 '～ようになる(~하도록 되다)'를 연결하면 능

력의 변화를 나타내는 표현이 됩니다.

日本語ができるようになる。[する]
일본어를 할 수 있도록 되다.
日本語が書けるようになりました。[書く]
일본어를 쓸 수 있도록 되었습니다.
刺身が食べられるようになりたいです。[食べる]
회를 먹을 수 있도록 되고 싶습니다.

— 어휘

· **自転車** 자전거
· **乗る** 타다
· **書く** 쓰다
· **刺身** 회

연습해 봅시다!

☑ 보기와 같이 다음 단어를 가능 표현과 동사 가능형으로 바꿔 보세요.

〈보기〉

取り消す(취소하다)　　　　取り消すことができる
　　　　　　　　　　　　　取り消せる

帰る(돌아가다, 돌아오다)

(1) _____

(2) _____

答える(대답하다)

(3) _____

(4) _____

する(하다)

(5) _____

(6) _____

확인해 봅시다!

☑ 다음 문장 중 색으로 표시된 부분을 주의하며 일본어로 써 보세요.

(1) 일본어 책을 읽을 수 있도록 되었습니다.

[일본어 日本語 | 책 本 | 읽다 読む]

_____

(2) 예약을 취소할 수 있습니까?

[예약 予約 | 취소하다 取り消す]

_____

(3) 일이 있어서 일찍 돌아갈 수 없어요.

[일 仕事 | 있다 ある | 일찍 早く | 돌아가다 帰る]

_____

(4) 나는 와인은 못 마시지만, 맥주는 마실 수 있습니다.

[와인 ワイン | 마시다 飲む | 맥주 ビール]

_____

정답은 293쪽에서
확인하세요!

32 동사 의지형 이해하기

STEP 1

오늘의 포인트

☑ **문법 포인트를 미리 파악해 볼까요?**

① 일본 소설을 읽어 볼까?

② 내일부터 일찍 일어나자.

③ 일본어를 배우려고 생각하고 있습니다.

④ 출발하려고 하고 있습니다.

 주목! 오늘의 핵심

공통점은 바로 무엇인가 하겠다는 화자의 의지. 또는 상대방에게 제안하거나 권유하는 것을 나타
냅니다.

STEP 2

외워 봅시다! 🎧 TRACK 32-01

☑ **오늘 나오는 단어를 미리 외워 볼까요?**

채소 野菜_{やさい} | 생각하다 思_{おも}う | 자다 寝_ねる | 다이어트 ダイエット

나가다, 나오다 出_でる | 배우다 習_{なら}う | 소설 小説_{しょうせつ} | 출발하다 出発_{しゅっぱつ}する

 반짝 반짝! 보물 같은 키워드

일본어로 채소를 野菜_{やさい}라고 해요. 한국어로 읽으면 야채인데, 야채라는 단어는 일본어의 잔재라고
하니 우리는 채소라고 해야겠죠?

배워 봅시다! 🎧 TRACK 32-02　G R A M M A R

1 동사의 의지형

'~해야지'라는 화자의 의지 또는 '~하자'와 같이 상대방에게 어떤 행동을 제안
하거나 권유할 때 사용합니다.

(1) 3그룹

'来る(오다)'와 'する(하다)'는 불규칙적으로 활용되니 암기가 필요합니다.

来る(오다) → 来よう(와야지, 오자)

する(하다) → しよう(해야지, 하자)

勉強をしよう。[する] 공부를 하자.
また遊びに来よう。[遊ぶ] 또 놀러 오자.

(2) 2그룹

어미 'る'를 떼고 'よう'를 붙입니다. 2그룹은 어미가 'る'로 통일되어 있으므
로 간단하게 무조건 'る'만 떼어버리면 됩니다.

い단 + る
　　　　　→ よう
え단 + る

1) い단+る → よう
見る(보다) → 見よう(봐야지, 보자)

2) え단+る → よう
食べる(먹다) → 食べよう(먹어야지, 먹자)

주의 알아두기

동사의 의지형에는 '의지'의 뜻
외에도 '제안, 권유'의 뜻도 있기
때문에 문장 내에서 어떻게 쓰
였는지 문맥을 확인해 봐야 합
니다.

주의 알아두기

동사의 의지형 뒤에 'か'를 붙이
면 '~할까?'하고 묻는 의문문이
됩니다.

━ 어휘

• 勉強 공부
• また 또
• 遊ぶ 놀다

202

毎日、野菜を食べよう。[食べる] 매일 채소를 먹어야지.

一緒に映画を見よう。[見る] 함께 영화를 보자.

(3) 1그룹

1그룹은 어미 う단을 お단으로 바꾸고 'う'를 붙입니다. 1그룹은 어미가 통일
되어 있지 않기 때문에 뭔가 하나로 통일한다고 보시면 됩니다.

> (う단) **う, く, ぐ, す, つ, ぬ, ぶ, む, る**
>
> ↓
>
> (お단) **お, こ, ご, そ, と, の, ぼ, も, ろ + う**

行く(가다) → 行こう(가야지, 가자)

飲む(마시다) → 飲もう(마셔야지, 마시자)

明日は遊びに行こう。[行く] 내일은 놀러 가자.

コーヒーでも飲もう。[飲む] 커피라도 마시자.

② 동사 의지형 + と思う ~하려고 생각하다

지금부터 또는 앞으로 무엇인가를 하겠다는 화자의 의지를 부드럽고 완곡하게
나타냅니다.

日本へ行こうと思います。[行く] 일본에 가려고 생각합니다.

早く寝ようと思う。[寝る] 빨리 자려고 생각한다.

ダイエットをしようと思いました。[する] 다이어트를 하려고 생각했습니다.

어휘

• **野菜** 채소
• **一緒に** 함께
• **映画** 영화
• **コーヒー** 커피
• **ダイエット** 다이어트

3 동사 의지형 + と思っている ~하려고 생각하고 있다

무엇인가를 하겠다고 결심하고 나서 계속 그렇게 생각하고 있다는 것을 나타냅니다.

ビールを飲もうと思っている。[飲む] 맥주를 마시려고 생각하고 있다.
うどんを食べようと思っている。[食べる] 우동을 먹으려고 생각하고 있다.
勉強しようと思っています。[勉強する] 공부하려고 생각하고 있습니다.

4 동사 의지형 + とする ~하려고 하다

어떤 일을 하려고 생각하여 그 일을 시작하기 직전의 상태이거나 시도 또는 노력 중인 것을 나타냅니다.

大学に入ろうとする。[入る] 대학교에 들어가려고 한다.
家を出ようとする。[出る] 집을 나가려고 한다.
留学しようとします。[留学する] 유학하려고 합니다.

연습해 봅시다!

☑ 보기와 같이 다음 단어를 동사 의지형과 의지 표현으로 바꿔 보세요.

〈보기〉

寝る(자다)   寝よう。
             寝ようと思う。
             寝ようと思っている。
             寝ようとする。

習う(배우다)

(1) _____

(2) _____

(3) _____

(4) _____

する(하다)

(5) _____

(6) _____

(7) _____

(8) _____

STEP
5

확인해 봅시다!

☑ **다음 문장 중 색으로 표시된 부분을 주의하며 일본어로 써 보세요.**

(1) 일본 소설을 읽어 볼까?

[일본 日本 | 소설 小説 | 읽어 보다 読んでみる]

_____

(2) 내일부터 일찍 일어나자.

[내일 明日 | 일찍 早く | 일어나다 起きる]

_____

(3) 일본어를 배우려고 생각하고 있습니다.

[일본어 日本語 | 배우다 習う]

_____

(4) 출발하려고 하고 있습니다.

[출발하다 出発する]

_____

정답은 293쪽에서
확인하세요!

206

33 동사 가정형 이해하기

오늘의 포인트

☑ **문법 포인트를 미리 파악해 볼까요?**

① 돈을 넣으면 표가 나옵니다.

② 추우면 문을 닫겠습니다.

③ 일본에 가면 전화해 주세요.

④ 일본에 갈 거라면 전화해 주세요.

 주목! 오늘의 핵심

'～하면, ～이면'이라는 조건 또는 가정을 나타내 봅시다.

외워 봅시다! 🎧 TRACK 33-01

☑ **오늘 나오는 단어를 미리 외워 볼까요?**

곱하다 かける ㅣ 먼지 ちり ㅣ 쌓이다 積もる ㅣ 산 山

하다 やる ㅣ 낫다 治る ㅣ 초밥 おすし ㅣ 가게 店 ㅣ 표 切符

 반짝 반짝! 보물 같은 키워드

やる는 する보다는 약간 품위가 없는 느낌이기 때문에 공적인 자리나 격식을 차리는 자리에서는 쓰지 않습니다. 그리고 する에 비해 자발성 즉, 자신의 의지로 적극적으로 행동할 때 사용합니다.

배워 봅시다! 🎧 TRACK 33-02   G R A M M A R

1 조건 및 가정 표현

일본어의 조건 및 가정 표현에는 크게 'と, ば, たら, なら'의 네 가지가 있습니다. 자세한 쓰임을 하나씩 확인해 볼까요?

(1) ～と ～하면

AとB는 'A가 성립하면, 반드시 B가 성립한다'는 뜻으로 필연적, 확정적인 조건을 나타냅니다. 보통 진리, 자연 현상, 길 안내에 많이 쓰입니다. 뒤 문장 B에는 명령, 의뢰 표현 또는 동사 의지형은 올 수 없습니다.

주의! 알아두기

'1에 1을 더하면 2가 되어라(명령)', '1에 1을 더하면 2가 되세요(의뢰)', '1에 1을 더하면 2가 돼야지(의지)' 등의 문장은 어색합니다.

품사	접속 형태	예	と
い형용사	기본형+と	おもしろい 재미있다	おもしろいと 재미있으면
な형용사	기본형+と	簡単だ 간단하다	簡単だと 간단하면
동사	기본형+と	なる 되다	なると 되면

2に2をかけると4になります。 [진리] 2에 2를 곱하면 4가 됩니다.
春になると花がさきます。 [자연 현상] 봄이 되면 꽃이 핍니다.
まっすぐ行くと銀行があります。 [길 안내] 곧바로 가면 은행이 있습니다.

잠깐! 깨알 정보

나누기는 割り算, 더하기는 足し算, 빼기는 引き算 이라고 해요.

— 어휘

- **かける** 곱하다
- **春** 봄
- **花** 꽃
- **さく** 피다
- **まっすぐ** 곧바로
- **銀行** 은행

(2) 〜ば ~라면, ~하면

조건, 가정 표현 중 가장 전형적인 표현이며 문장체에 쓰이는 경향이 있습니다. 명사, な형용사가 접속할 때는 '〜ならば'의 'ば'가 생략되어 주로 '〜なら'로 사용합니다.

품사		접속 형태	예	ば
명사		명사+なら(ば)	学生 학생	学生なら(ば) 학생이라면
い형용사		〜い→ければ	高い 비싸다 いい 좋다 ない 없다	高ければ 비싸면 よければ 좋으면 なければ 없으면
な형용사		〜だ→なら(ば)	静かだ 조용하다	静かなら(ば) 조용하면
동사	3그룹	불규칙	来る 오다 する 하다	来れば 오면 すれば 하면
	2그룹	い단 え단 る→れば	食べる 먹다 見る 보다	食べれば 먹으면 見れば 보면
	1그룹	う단→え단+ば	飲む 마시다 会う 만나다	飲めば 마시면 会えば 만나면

ちりも積もれば山となる。 [속담] 먼지도 쌓이면 산이 된다.(티끌 모아 태산)
やればできる。 [관용 표현] 하면 된다.
この薬を飲めば、治ります。 이 약을 먹으면, 낫습니다.

주의 알아두기

'いい(좋다)'의 ば가정형은 'いければ'가 아니라 'よければ'라는 것에 주의하세요.

주의 알아두기

대부분 'と'와 바꿔쓸 수 있지만 속담, 격언 등에서는 바꿔 쓸 수 없습니다.

── 어휘

· **ちり** 먼지
· **積もる** 쌓이다
· **やる** 하다
· **できる** 할 수 있다
· **治る** 낫다

(3) ~たら ~라면, ~하면

UNIT27에서 한 번 등장했었던 '~たら'는 '~ば'에 비하면 상대적으로 구어체에서 쓰이는 경향이 있습니다. '~と', '~ば'와 같이 진리나 법칙 같은 조건보다 개별적인 조건문에 넓게 쓰입니다. 특별한 경우가 아니면 대부분 '~たら'를 쓰면 됩니다.

품사		접속 형태	예	たら
명사		명사+だったら	学生 학생	学生だったら 학생이라면
い형용사		~い→ かったら	高い 비싸다 いい 좋다 ない 없다	高かったら 비싸면 よかったら 좋으면 なかったら 없으면
な형용사		~だ→ だったら	静かだ 조용하다	静かだったら 조용하면
동사	3그룹	불규칙	来る 오다 する 하다	来たら 오면 したら 하면
	2그룹	い단 え단 る→たら	食べる 먹다 見る 보다	食べたら 먹으면 見たら 보면
	1그룹	~く, ぐ→ いたら, いだら ~む, ぬ, ぶ→ んだら ~う, つ, る→ ったら ~す→したら	書く 쓰다 飲む 마시다 会う 만나다 話す 이야기하다	書いたら 쓰면 飲んだら 마시면 会ったら 만나면 話したら 이야기하면
★예외			行く→行ったら (가면)	

この薬を飲んだら、治ります。 이 약을 먹으면, 낫습니다.
お金があったら、買いなさい。 돈이 있으면, 사세요.
雨が降ったら、今日の試合は中止です。 비가 오면, 오늘 시합은 중지입니다.

주의! 알아두기

'いい(좋다)'의 たら가정형은 'いかったら'가 아니라 'よかったら'라는 것에 주의하세요.

― 어휘
• **治る** 낫다
• **お金** 돈
• **ある** 있다
• **買う** 사다
• **試合** 시합
• **中止** 중지

210

(4) ~なら ~라면, ~한다면, ~일(할) 거라면

상대방이 말한 내용에 대한 의견을 전할 때 사용합니다. 충고나 조언할 때 자주
쓰이기 때문에 뒤 문장에 희망, 의뢰 표현이나 동사 의지형이 올 수 있습니다.

품사	접속 형태	예	なら
명사	명사+なら	おすし 초밥	おすしなら 초밥이라면
い형용사	기본형+なら	寒い 춥다	寒いなら 춥다면
な형용사	~だ → なら	上手だ 잘하다	上手なら 잘한다면
동사	기본형+なら	見る 보다	見るなら 본다면

おすしなら、あの店がおいしい。초밥이라면, 저 가게가 맛있다.
歌が上手なら、聞いてみたい。노래를 잘한다면, 들어 보고 싶다.
寒いなら、服を着てください。춥다면 옷을 입으세요.
あの映画を見るなら、私も行きたい。저 영화를 볼 거라면, 나도 가고 싶다.

잠깐 깨알 정보

'すし(초밥)' 앞에 말을 정중하고
예쁘게 꾸며주는 'お'가 붙었
어요.

어휘

• 店 가게
• 歌 노래
• 聞く 듣다
• 服 옷
• 着る 입다
• 映画 영화

2 たら와 なら의 비교

'たら'는 앞 문장이 뒤 문장보다 먼저 성립하는 반면에 'なら'는 뒤 문장이 앞 문장 보다 먼저 성립합니다.

たら	なら
日本に行ったら、電話してください 일본에 가면, (도착한 후) 전화해 주세요	日本に行くなら、電話してください 일본에 갈 거라면, 전화해 주세요
飲んだら、乗らないでください 마시면, (마신 후) 타지 마세요	乗るなら、飲まないでください 탈 거라면, 마시지 마세요

주의! 알아두기

'たら'의 예문에서는 일본에 가는 행위와 술을 마시는 행위가 뒤 문장보다 먼저 성립! 'なら'의 예문에서는 전화를 먼저 하는 행위와 마시지 않는 행위가 앞 문장보다 먼저 성립!

― 어휘
• **電話** 전화
• **乗る** 타다

212

연습해 봅시다!

☑ **보기와 같이 다음 단어를 가정형으로 바꿔 보세요.**

〈보기〉

する(하다)　　　 <u>すると</u>
　　　　　　　　 <u>すれば</u>
　　　　　　　　 <u>するなら</u>
　　　　　　　　 <u>したら</u>

来る(오다)

(1) _____

(2) _____

(3) _____

(4) _____

行く(가다)

(5) _____

(6) _____

(7) _____

(8) _____

☑ **다음 문장 중 색으로 표시된 부분을 주의하며 일본어로 써 보세요.**

(1) 돈을 넣으면 표가 나옵니다.

[돈 お金 | 넣다 入れる | ~하면 ~と | 표 切符 | 나오다 出る]

_____

(2) 추우면 문을 닫겠습니다.

[춥다 寒い | ~라면 ~ば | 문 ドア | 닫다 閉める]

_____

(3) 일본에 가면 전화해 주세요. (일본에 간 후 전화한다)

[일본 日本 | 가다 行く | ~하면 ~たら | 전화하다 電話する]

_____

(4) 일본에 갈 거라면 전화해 주세요. (일본에 가기 전에 전화한다)

[일본 日本 | 가다 行く | ~할 거라면 ~なら | 전화하다 電話する]

_____

정답은 293쪽에서
확인하세요!

214

UNIT 34 전문 표현하기

STEP 1

오늘의 포인트

☑ **문법 포인트를 미리 파악해 볼까요?**

① 뉴스에 의하면 태풍이 온다고 합니다.

② 최근 다이어트하는 사람이 늘어나고 있다고 합니다.

③ 김 씨는 결혼했다고 합니다.

④ 선생님은 친절하고 상냥하다고 합니다.

주목! 오늘의 핵심

남에게 들은 이야기를 전하는 것, 즉 전문에 대해 알아봅시다.

STEP 2

외워 봅시다! 🎧 TRACK 34-01

☑ **오늘 나오는 단어를 미리 외워 볼까요?**

회사원 会社員 ｜ 덥다 暑い ｜ 일기예보 天気予報 ｜ ～에 의하면 ～によると ｜ 성격 性格
그치다 止む ｜ 뉴스 ニュース ｜ 태풍 台風 ｜ 늘어나다 増える ｜ 상냥하다 優しい

반짝 반짝! 보물 같은 키워드

'～によると(～에 의하면)'는 정보의 출처를 밝히는 표현입니다. 꼭 외워 두세요!

배워 봅시다! 🎧 TRACK 34-02　　G R A M M A R

① そうだ의 종류(1)

'そうだ'의 표현에는 전문과 양태가 있습니다. 전문이란 말이 좀 어려운데요. 간략하게 설명하자면, '남에게 전해들은 이야기를 다른 사람에게 전한다'는 상황입니다. 한국어 해석은 '~라고 한다'로 표현됩니다. 그럼 'そうだ'의 표현 중 전문을 먼저 살펴 보겠습니다.

주의! 알아두기

'양태의 そうだ'는 다음 강에서 다룰 예정입니다. 먼저 '전문의 そうだ'부터 잘 익혀둡시다.

(1) 전문의 そうだ　~라고 한다

전해 들은 내용을 전달할 때 '~라고 한다'라는 표현을 많이 쓸 텐데요. 이것을 일본어로는 '~そうだ'로 표현합니다. '전문의 そうだ'와 세트로 쓰이는 표현 하나 외워 둘까요? 그것은 바로 '~によると ~そうだ(~에 의하면 ~라고 한다)'입니다. 많이 쓰이는 표현이니만큼 꼭 외워 두세요.

(2) 접속 형태

그럼, 'そうだ'의 접속 형태를 살펴볼까요? '전문의 **そうだ**'의 접속 방법은 비교적 단순합니다. 모든 품사의 보통체에 접속합니다.

품사	접속 형태		예
명사	보통체+そうだ	현재 긍정	彼は会社員だそうだ 그는 회사원이라고 한다
		현재 부정	彼は会社員じゃないそうだ 그는 회사원이 아니라고 한다
		과거 긍정	彼は会社員だったそうだ 그는 회사원이었다고 한다
		과거 부정	彼は会社員じゃなかったそうだ 그는 회사원이 아니었다고 한다
い형용사	보통체+そうだ	현재 긍정	ソウルは暑いそうだ 서울은 덥다고 한다
		현재 부정	ソウルは暑くないそうだ 서울은 덥지 않다고 한다
		과거 긍정	ソウルは暑かったそうだ 서울은 더웠다고 한다
		과거 부정	ソウルは暑くなかったそうだ 서울은 덥지 않았다고 한다
な형용사	보통체+そうだ	현재 긍정	日本語は簡単だそうだ 일본어는 간단하다고 한다
		현재 부정	日本語は簡単じゃないそうだ 일본어는 간단하지 않다고 한다
		과거 긍정	日本語は簡単だったそうだ 일본어는 간단했다고 한다
		과거 부정	日本語は簡単じゃなかったそうだ 일본어는 간단하지 않았다고 한다

주의! 알아두기

정중하게 말할 때는 'だ' 대신 'です'를 써서 '〜そうです'라고 하면 됩니다.

── 어휘

· **会社員** 회사원
· **暑い** 덥다
· **簡単だ** 간단하다

		현재 긍정	雪が降るそうだ 눈이 내린다고 한다
동사	보통체+そうだ	현재 부정	雪が降らないそうだ 눈이 내리지 않는다고 한다
		과거 긍정	雪が降ったそうだ 눈이 내렸다고 한다
		과거 부정	雪が降らなかったそうだ 눈이 내리지 않았다고 한다

京都の夏はとても暑いそうだ。[暑い]
교토의 여름은 매우 덥다고 한다.

金さんはお金が必要だそうです。[必要だ]
김 씨는 돈이 필요하다고 합니다.

天気予報によると、明日は晴れるそうです。[晴れる]
일기예보에 의하면, 내일은 맑다고 합니다.

잠깐 깨알 정보

일본 도쿄의 여름은 매우 습해서
서울보다 더울 수도 있어요.

━ 어휘

· **京都** 교토
· **夏** 여름
· **お金** 돈
· **必要だ** 필요하다
· **天気予報** 일기예보
· **~によると** ~에 의하면
· **明日** 내일
· **晴れる** 맑다

연습해 봅시다!

☑ **다음 문장을 전문의 형태로 만들어 보세요.**

(1) 彼_{かれ}は親切_{しんせつ}だ。 → 그는 친절하다고 한다.

_____

(2) 映画_{えいが}がおもしろくなかった。 → 영화가 재미있지 않았다고 한다.

_____

(3) 先生_{せんせい}は性格_{せいかく}がいい。 → 선생님은 성격이 좋다고 한다.

_____

(4) 明日_{あした}は晴_はれない。 → 내일은 맑지 않다고 한다.

_____

(5) 雨_{あめ}が止_やむ。 → 비가 그친다고 한다.

_____

(6) 彼_{かれ}が来_きた。 → 그가 왔다고 한다.

_____

확인해 봅시다!

☑ **다음 문장 중 색으로 표시된 부분을 주의하며 일본어로 써 보세요.**

(1) 뉴스에 의하면 태풍이 온다고 합니다.

[뉴스 ニュース | ~에 의하면 ~によると | 태풍 台風 | 오다 来る]

_____

(2) 최근 다이어트하는 사람이 늘어나고 있다고 합니다.

[최근 最近 | 다이어트하다 ダイエットする | 사람 人 | 늘어나다 増える]

_____

(3) 김 씨는 결혼했다고 합니다.

[김 씨 金さん | 결혼했다 結婚している]

_____

(4) 선생님은 친절하고 상냥하다고 합니다.

[선생님 先生 | 친절하다 親切だ | 상냥하다 優しい]

_____

정답은 294쪽에서
확인하세요!

35 양태 표현하기

STEP 1 오늘의 포인트

☑ **문법 포인트를 미리 파악해 볼까요?**

① 그는 시간이 없을 것 같습니다.

② 이 옷은 비쌀 것 같습니다.

③ 오늘은 쉴 수 있을 것 같습니다.

④ 그녀는 친절하고 상냥할 것 같습니다.

주목! 오늘의 핵심

모양과 상태를 보고 느껴진 기분, 직감, 느낌을 나타내는 표현에 대해 알아봅시다.

STEP 2 외워 봅시다! 🎧 TRACK 35-01

☑ **오늘 나오는 단어를 미리 외워 볼까요?**

피자 ピザ | 침대 ベッド | 편하다 楽だ | 여름 夏 | 매우 とても

덥다 暑い | 돈 お金 | 필요하다 必要だ | (식물, 사물)없다 ない | 시간 時間

반짝 반짝! 보물 같은 키워드

양태의 そうだ와 자주 쓰이는 부사로는 긍정적인 말 앞에 오는 'とても(매우, 몹시, 아주)'와 부정적인 말 앞에 오는 'あまり(그다지, 별로)'가 있습니다.

배워 봅시다! TRACK 35-02 GRAMMAR

1 そうだ의 종류(2)

'そうだ'의 전문의 표현에 이어 양태를 살펴보겠습니다. 양태란 '모양과 상태'를 뜻하는데, 한마디로 눈으로 보고 그 외관적인 모양(상태)으로 추측하거나 판단하는 상황을 뜻합니다. 한국어 해석은 '~인(할) 것 같다'로 표현됩니다.

(1) 양태의 そうだ ~인(할) 것 같다

어떤 사람이나 사물의 모양과 상태를 보고 그럴 가능성이 있다고 추측하거나 판단할 때 '~인(할)것 같다'라는 표현을 많이 쓰는데, 이것을 일본어로는 '양태의 そうだ'로 표현합니다. 좀 더 구체적으로 살펴볼까요?

1) い형용사, な형용사

긍정: ~そうだ ~일 것 같다

부정: ~そうではない ~일 것 같지 않다

2) 동사

긍정: ~そうだ ~할 것 같다

부정: ~そうに(も)ない ~할 것 같지 않다

잠깐! 깨알 정보

부사 '今にも(지금이라도)'와 함께 잘 쓰입니다.

예) '지금이라도(금방이라도, 당장이라도) ~일 것 같다'

222

(2) 접속 형태

'전문의 そうだ'와 달리 '양태의 そうだ'는 과거나 부정형으로 표현할 때 'そ
うだ' 부분을 활용한다는 것을 알아 두세요.

품사	접속 형태		예
い형용사	어간+そうだ	현재 긍정	ピザがおいしそうだ 피자가 맛있을 것 같다
		현재 부정	ピザがおいしそうではない 피자가 맛있을 것 같지 않다
		과거 긍정	ピザがおいしそうだった 피자가 맛있을 것 같았다
		과거 부정	ピザがおいしそうではなかった 피자가 맛있을 것 같지 않았다
な형용사	어간+そうだ	현재 긍정	ベッドが楽そうだ 침대가 편할 것 같다
		현재 부정	ベッドが楽そうではない 침대가 편할 것 같지 않다
		과거 긍정	ベッドが楽そうだった 침대가 편할 것 같았다
		과거 부정	ベッドが楽そうではなかった 침대가 편할 것 같지 않았다
동사	ます형+そうだ	현재 긍정	雨が降りそうだ 비가 내릴 것 같다
		현재 부정	雨が降りそうに(も)ない 비가 내릴 것 같지 않다
		과거 긍정	雨が降りそうだった 비가 내릴 것 같았다
		과거 부정	雨が降りそうに(も)なかった 비가 내릴 것 같지 않았다

주의 알아두기

명사에는 접속되지 않습니다. 왜
냐하면 보통 사과를 보면서 사과
일 것 같다고는 하지 않으니까
요. 명사에 추측의 의미를 부여
할 때는 UNIT36에서 배울 '〜の
ようだ'를 사용합니다.

주의 알아두기

형용사 'いい'와 'ない'는 어미
'い'가 'さ'로 바뀌어 '양태의 そ
うだ'와 접속합니다.

예)いい ⇒ よそうだ(×)
　　　よさそうだ(○)
　　彼は性格がよさそうだ。
　　그는 성격이 좋을 것 같다.

　　ない ⇒ なそうだ(×)
　　　なさそうだ(○)
　　彼はお金がなさそうだ。
　　그는 돈이 없을 것 같다.

── 어휘

・**ピザ** 피자
・**ベッド** 침대
・**楽だ** 편하다
・**雨** 비
・**降る** 내리다

京都の夏はとても暑そうです。[暑い]
교토의 여름은 매우 더울 것 같습니다.

お金が必要そうです。[必要だ]
돈이 필요할 것 같습니다.

京都の夏はあまり暑そうではない。[暑い]
교토의 여름은 그다지 더울 것 같지 않다.

お金が必要そうではない。[必要だ]
돈이 필요할 것 같지 않다.

주의! 알아두기

회화체로는 '~そうではない'
대신에 '부정형(ない형)+なさそ
うだ'를 사용하기도 합니다.

예) おいしくない
→ おいしくなさそうだ
行かない
→ 行かなさそうだ

어휘

· 京都 교토
· 夏 여름
· とても 매우
· 暑い 덥다
· お金 돈
· 必要だ 필요하다

224

연습해 봅시다!

☑ **다음 문장을 양태의 형태로 만들어 보세요.**

(1) 彼^{かれ}は親切^{しんせつ}だ。→ 그는 친절할 것 같지 않다.

_____

(2) 映画^{えいが}はおもしろい。→ 영화는 재미있을 것 같다.

_____

(3) 先生^{せんせい}は性格^{せいかく}がいい。→ 선생님은 성격이 좋을 것 같지 않다.

_____

(4) 明日^{あした}は晴^はれる。→ 내일은 맑을 것 같다.

_____

(5) 雨^{あめ}が止^やむ。→ 비가 그칠 것 같지 않다.

_____

(6) 彼^{かれ}が来^くる。→ 그가 오지 않을 것 같다.

_____

확인해 봅시다!

☑ **다음 문장 중 색으로 표시된 부분을 주의하며 일본어로 써 보세요.**

(1) 그는 시간이 없을 것 같습니다.

[그 彼 | 시간 時間 | 없다 ない]

_____

(2) 이 옷은 비쌀 것 같습니다.

[옷 服 | 비싸다 高い]

_____

(3) 오늘은 쉴 수 있을 것 같습니다.

[오늘 今日 | 쉬다 休む]

_____

(4) 그녀는 친절하고 상냥할 것 같아요.

[그녀 彼女 | 친절하다 親切だ | 상냥하다 優しい]

_____

정답은 294쪽에서
확인하세요!

UNIT 36 추측 표현하기

STEP 1 오늘의 포인트

☑ **문법 포인트를 미리 파악해 볼까요?**

① A: 저 가게는 항상 사람이 많네요.   B: 요리가 맛있을 것 같아요.

② 그는 마치 한국인인 것 같습니다.(비유)

③ 아이돌과 같은 연예인이 되고 싶습니다.

④ 그는 결혼한다고 합니다.(소문)

 주목! 오늘의 핵심

'~와 같다(비유)', '~라고 해(소문)' 등과 같은 표현을 배워봅시다.

STEP 2 외워 봅시다! 🎧 TRACK 36-01

☑ **오늘 나오는 단어를 미리 외워 볼까요?**

한가하다 暇だ │ 마치 まるで │ 우유 牛乳 │ 소문 うわさ │ 연예인 芸能人 │ 사귀다 付き合う
번화하다 賑やかだ │ 키가 크다 背が高い │ 단 것 甘い物 │ 아이돌 アイドル

 반짝 반짝! 보물 같은 키워드

まるで ~ようだ는 '마치'라는 뜻의 부사인 まるで와 '~인 것 같다'라는 뜻인 ~ようだ를 사용
하여 '마치 ~인 것같다'라는 비유의 의미로 쓰입니다.

배워 봅시다! 🎧 TRACK 36-02   G R A M M A R

① 추측 표현

말하는 사람의 감각, 체험, 느낌 등을 토대로 판단 또는 추측을 하거나, 확실한 단정을 살짝 피하려고 할 때 사용하는 표현으로 'ようだ'와 'らしい'가 있습니다. 우선 'ようだ'부터 살펴볼까요?

(1) ようだ ~인 것 같다, ~인 모양이다

어떤 근거나 정보를 보고 난 후, 자기의 주관적인 판단으로 이야기를 하는 경우에 사용됩니다. 특히 어떤 정보를 접하거나 상황을 보았을 때 이것에 따라 '나는 이렇게 판단한다'라는 뉘앙스가 강합니다.

1) 접속 방법

품사	접속 형태		예
명사	명사+の+ようだ	현재 긍정	学生のようだ 학생인 것 같다
	보통체+ようだ	현재 부정	学生じゃないようだ 학생이 아닌 것 같다
		과거 긍정	学生だったようだ 학생이었던 것 같다
		과거 부정	学生じゃなかったようだ 학생이 아니었던 것 같다

잠깐! 깨알 정보

회화체로 'みたいだ'도 많이 쓰입니다.

주의! 알아두기

명사와 접속 시 'の'가 붙는 이유는 'よう'를 명사로 취급하기 때문입니다. (명사와 명사 사이에는 の를 넣는다는 것 잊지 않으셨죠?) 다만, 'みたいだ'를 이용하여 말할 때는 명사+みたいだ임을 기억하세요.

예) 学生みたいだ。
학생인 것 같다.

── 어휘

• 学生 학생

い형용사	보통체+ようだ	현재 긍정	小さいようだ 작은 것 같다
		현재 부정	小さくないようだ 작지 않은 것 같다
		과거 긍정	小さかったようだ 작았던 것 같다
		과거 부정	小さくなかったようだ 작지 않았던 것 같다
な형용사	~だ → な+ようだ	현재 긍정	きれいなようだ 예쁜 것 같다
	보통체+ようだ	현재 부정	きれいじゃないようだ 예쁘지 않은 것 같다
		과거 긍정	きれいだったようだ 예뻤던 것 같다
		과거 부정	きれいじゃなかったようだ 예쁘지 않았던 것 같다
동사	보통체+ようだ	현재 긍정	行くようだ 간 것 같다
		현재 부정	行かないようだ 가지 않은 것 같다
		과거 긍정	行ったようだ 갔던 것 같다
		과거 부정	行かなかったようだ 가지 않았던 것 같다

주의 알아두기

な형용사의 현재긍정에서 어미 'だ'가 'な'로 바뀌는 것 역시 'よう'를 명사로 취급하기 때문입니다.

── 어휘

- 小さい 작다
- きれいだ 예쁘다
- 行く 가다

彼はいつも暇なようです。[暇だ]
그는 항상 한가한 것 같습니다.

家の中に誰もいないようです。[いる]
집 안에 아무도 없는 것 같습니다.

医者: 風邪のようですね。今日は休んでください。
의사: 감기인 같네요. 오늘은 쉬세요.

2) ようだ의 활용

① まるで ～ようだ: 마치 ～인 것 같다

'마치'라는 뜻의 부사 'まるで'를 사용하여 비유하는 표현을 할 수 있습니다.

彼はまるで韓国人のようですね。그는 마치 한국인인 것 같네요.

② 명사 + のような: ～와/과 같은

　　명사 + のように: ～와/과 같이

명사에 접속하여 명사를 수식할 때는 '～ようだ'의 어미 'だ'가 'な'로 바뀌며, 부사형으로 될 때는 'に'로 바뀝니다.

牛乳のような味がする。우유와 같은 맛이 난다.

日本人のように日本語で話したいです。
일본인과 같이, 일본어로 말하고 싶습니다.

어휘

・いつも 항상, 늘
・暇だ 한가하다
・誰も 아무도
・風邪 감기
・牛乳 우유
・味がする 맛이 나다

(2) らしい ~인 것 같다

오로지 주관적인 내 생각이라기보다는 '객관적인 정황상 이렇게 판단할 수밖에 없다'는 식으로 자신의 판단에 대한 책임회피의 여부를 남기는 표현입니다. '전문의 **そうだ**'가 확실한 정보에 의한 전달이라고 한다면, '**らしい**'는 이에 비해서 확실성은 떨어집니다.

품사	접속 형태		예
명사	명사+らしい	현재 긍정	歌手らしい 가수인 것 같다
	보통체+らしい	현재 부정	歌手じゃないらしい 가수가 아닌 것 같다
		과거 긍정	歌手だったらしい 가수였던 것 같다
		과거 부정	歌手じゃなかったらしい 가수가 아니었던 것 같다
い형용사	보통체+らしい	현재 긍정	高いらしい 비싼 것 같다
		현재 부정	高くないらしい 비싸지 않은 것 같다
		과거 긍정	高かったらしい 비쌌던 것 같다
		과거 부정	高くなかったらしい 비싸지 않았던 것 같다
な형용사	어간+らしい	현재 긍정	きれいらしい 예쁜 것 같다
	보통체+らしい	현재 부정	きれいじゃないらしい 예쁘지 않은 것 같다
		과거 긍정	きれいだったらしい 예뻤던 것 같다
		과거 부정	きれいじゃなかったらしい 예쁘지 않았던 것 같다

주의 알아두기

명사+らしい의 또 다른 용법으로 '~답다'라는 뜻도 있습니다. 이때는 어떤 것의 성질이나 상태를 나타내는 い형용사로 쓰이므로 い형용사의 활용을 그대로 사용하면 됩니다.

예)
学生らしい。
학생답다.
学生らしくない。
학생답지 않다.
学生らしかった。
학생다웠다.
学生らしくなかった。
학생답지 않았다.

― 어휘
- **歌手** 가수
- **高い** 비싸다
- **きれいだ** 예쁘다

동사	보통체+らしい	현재 긍정	行くらしい 가는 것 같다	
		현재 부정	行かないらしい 가지 않는 것 같다	
		과거 긍정	行ったらしい 간 것 같다	
		과거 부정	行かなかったらしい 가지 않았던 것 같다	

うわさによると、あの芸能人のAさんと付き合っているらしい。
[付き合っている] 소문에 의하면, 그 연예인 A 씨와 사귀고 있는 것 같다.

先輩から聞きましたが、今度のテストは難しいらしいですよ。 [難しい]
선배로부터 들었습니다만, 이번 시험은 어려운 것 같아요.

 주의 알아두기

어떤 근거나 정보를 보고서 자기의 주관적인 판단으로 이야기를 할 때는 'ようだ'와 바꿔 쓸 수 있습니다.

예를 들어 길이 젖은 것을 보거나, 일기예보를 보고 난 후(즉, 객관적 근거나 정보를 접한 후) 비가 올 것 같다(즉, 주관적 판단)고 이야기 하는 경우는 다음과 같이 표현할 수 있습니다.

예) 雨が降ったらしいです。
→ 雨が降ったようです。
今日は雨が降るらしいです。
→ 今日は雨が降るようです。

━ 어휘

· **うわさ** 소문
· **芸能人** 연예인
· **付き合う** 사귀다, 교제하다
· **先輩** 선배
· **今度** 이번, 다음
· **難しい** 어렵다

232

연습해 봅시다!

☑ **다음 보기와 같이 문장을 만들어 보세요.**

〈보기〉
A: どんな人になりたかったですか。(うちのパパ, 日本語の先生)
B: ⇒うちのパパのような日本語の先生になりたかったです。
　⇒うちのパパのように、日本語の先生になりたかったです。

(1) A : どんなところに住みたいですか。(ソウル, 賑やかなところ)

B: ⇒＿＿＿＿＿＿＿＿＿＿＿＿＿＿＿＿＿＿＿＿＿＿＿

B: ⇒＿＿＿＿＿＿＿＿＿＿＿＿＿＿＿＿＿＿＿＿＿＿＿

(2) A: どんな人がタイプですか。(モデル, 背が高い人)

B: ⇒＿＿＿＿＿＿＿＿＿＿＿＿＿＿＿＿＿＿＿＿＿＿＿

B: ⇒＿＿＿＿＿＿＿＿＿＿＿＿＿＿＿＿＿＿＿＿＿＿＿

(3) A: どんな食べ物が好きですか。(ケーキ, 甘い物)

B: ⇒＿＿＿＿＿＿＿＿＿＿＿＿＿＿＿＿＿＿＿＿＿＿＿

B: ⇒＿＿＿＿＿＿＿＿＿＿＿＿＿＿＿＿＿＿＿＿＿＿＿

확인해 봅시다!

☑ **다음 문장 중 색으로 표시된 부분을 주의하며 일본어로 써 보세요.**

(1) A: 저 가게는 항상 사람이 많네요.   B: 요리가 맛있을 것 같아요.

[가게 店 | 항상 いつも | 사람 人 | 많다 多い | 요리 料理 | 맛있다 おいしい]

_____

(2) 그는 마치 한국인인 것 같습니다.(비유)

[그 彼 | 마치 まるで | 한국인 韓国人]

_____

(3) 아이돌과 같은 연예인이 되고 싶습니다.

[아이돌 アイドル | 연예인 芸能人 | 되다 なる]

_____

(4) 그는 결혼한다고 합니다.(소문)

[그 彼 | 결혼하다 結婚する]

_____

정답은 294쪽에서
확인하세요!

37 수수 표현하기(1)

오늘의 포인트

☑ **문법 포인트를 미리 파악해 볼까요?**

① 나는 친구에게 선물을 주었습니다.

② 선생님은 나에게 책을 주셨다.

③ 김 씨는 박 씨에게 무엇을 받았습니까?

④ 나의 여동생은 선생님께 빵을 받았습니다.

 주목! 오늘의 핵심

> 뭔가를 주고 받는 표현에 대해 알아봅시다. 문장 속에서 누가 주고 누가 받는지를 잘 파악한다면
> 절대 어렵지 않답니다.

외워 봅시다! 🎧 TRACK 37-01

☑ **오늘 나오는 단어를 미리 외워 볼까요?**

책 本 | 주다 あげる | 김 のり | 사료 えさ | 여동생 妹

주다 くれる | 받다 もらう | 남동생 弟 | 선물 プレゼント

 반짝 반짝! 보물 같은 키워드

> プレゼント는 일반적인 선물, お土産는 그 지방의 특산품, 기념품이라는 것을 알아두세요.

배워 봅시다! 🎧TRACK 37-02 ~~G R A M M A R~~

1 수수 표현(1)

수수 표현이란 '주고받는 것'으로 일본어에는 '물건을 주고받는 것'과 '어떤 행동을 주고받는 것' 두 가지가 있습니다. 우리는 '주다'라고 하면 주고받는 주체에 관계없이 '주다'라고 하면 되지만 일본어는 주고받는 주체가 누구냐에 따라 표현이 달라지므로 주의하셔야 합니다. 우선 물건을 주고받는 수수 표현에 대해 살펴보겠습니다.

(1) あげる 주다

내가 남에게 주거나 남이 남에게 줄 때 사용합니다. 윗사람에게는 '드리다'라는 뜻의 'さしあげる'를, 아랫사람이나 동물, 식물에게 줄 때는 'やる'를 사용합니다.

주의 알아두기

[あげる]

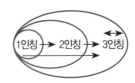
1인칭 → 2인칭 → 3인칭

	나 → 남	남 → 남
	さしあげる	드리다 (윗사람)
	あげる	주다 (동급)
	やる	주다 (아랫사람, 동식물)

私は金さんに本をあげました。
나는 김 씨에게 책을 주었습니다.

金さんは朴さんに何をあげましたか。
김 씨는 박 씨에게 무엇을 주었습니까?

私は先生にのりをさしあげました。
나는 선생님에게 김을 드렸습니다.

私は犬にえさをやりました。
나는 개에게 사료를 주었습니다.

잠깐! 깨알 정보

일본인이 정말 좋아하는 한국의 김! 일본의 김은 건조하는 방식으로 만들어서 짭짤하지 않고 담백하다고 합니다.

━ 어휘

• のり 김
• 犬 개
• えさ 사료

(2) くれる 주다

남이 나에게 주거나 내가 속한 집단의 사람에게 줄 때 사용합니다. 윗사람이 주는 경우는 '주시다'라는 뜻의 'くださる'를 사용합니다.

남 → 나 (내 집단)
$$\begin{cases} \text{くださる} & \text{주시다 (윗사람)} \\ \text{くれる} & \text{주다 (동급)} \end{cases}$$

<ruby>金<rt>キム</rt></ruby>さんは<ruby>私<rt>わたし</rt></ruby>に<ruby>本<rt>ほん</rt></ruby>をくれました。
김 씨는 나에게 책을 주었습니다.
<ruby>先生<rt>せんせい</rt></ruby>が<ruby>私<rt>わたし</rt></ruby>に<ruby>本<rt>ほん</rt></ruby>をくださった。
선생님이 나에게 책을 주셨다.
<ruby>金<rt>キム</rt></ruby>さんは(<ruby>私<rt>わたし</rt></ruby>の)<ruby>妹<rt>いもうと</rt></ruby>に<ruby>本<rt>ほん</rt></ruby>をくれました。
김 씨는 (나의) 여동생에게 책을 주었습니다.
<ruby>先生<rt>せんせい</rt></ruby>が(<ruby>私<rt>わたし</rt></ruby>の)<ruby>妹<rt>いもうと</rt></ruby>に<ruby>本<rt>ほん</rt></ruby>をくださった。
선생님이 (나의) 여동생에게 책을 주셨다.

 주의 알아두기

[くれる]

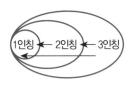

 주의 알아두기

내가 속한 집단은 다른 사람과의 관계에서 나와 동일하게 취급합니다. 여동생은 내가 속한 집단(가족)의 사람이기 때문에 '나'와 같은 취급을 받아 '남이 나에게 주는 것'으로 된다는 것을 기억하세요.

━ 어휘
・<ruby>本<rt>ほん</rt></ruby> 책
・<ruby>妹<rt>いもうと</rt></ruby> 여동생

(3) もらう 받다

내가 남에게 받거나, 남이 또 다른 남에게 받을 때 사용합니다. 윗사람에게서 받을 때에는 'いただく'를 사용합니다.

> 나←남　　남←남
> ┌ いただく　　받다 (윗사람)
> └ もらう　　받다 (동급)

私は金さんに本をもらいました。
나는 김 씨에게 책을 받았습니다.

あなた、金さんに何をもらった?
당신, 김 씨에게 무엇을 받았어?

私の妹は金さんに本をもらいました。
내 여동생은 김 씨에게 책을 받았습니다.

私は先生に本をいただきました。
나는 선생님에게 책을 받았습니다.

 주의 알아두기

[もらう]

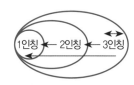
1인칭 ← 2인칭 ← 3인칭

 주의 알아두기

もらう는 상대방이 나에게 받을 때는 쓸 수 없다는 것을 주의하세요!

예)
김 씨는 나에게 책을 받았습니다.
金さんは私に本をもらいました。(X)
나는 김 씨에게 책을 주었습니다.
私は金さんに本をあげました。(O)

 주의 알아두기

'もらう'는 화자가 무엇인가를 받는 것이기 때문에 겸양어만 있고 존경어는 없다는 것을 알아둡시다. ('내가 받으셨다' 등의 표현은 어색하죠?)

──── 어휘
・本 책
・妹 여동생

연습해 봅시다!

 다음 문장을 읽고 맞으면 O, 틀리면 X로 표시해 보세요.

(1) 田中_{た なか}さんは 私_{わたし}に 本_{ほん}をあげました。　　　　　(O, X)

(2) 私_{わたし}が 友達_{ともだち}に 本_{ほん}をくれました。　　　　　(O, X)

(3) 金_{キム}さんはパクさんに 本_{ほん}をくれた。　　　　　(O, X)

(4) 田中_{た なか}さんは 私_{わたし}に 本_{ほん}をもらいました。　　　　　(O, X)

(5) あなたは、金_{キム}さんにどんな 本_{ほん}をもらいましたか。　　　　　(O, X)

(6) 金_{キム}さんは 私_{わたし}の 弟_{おとうと}に 本_{ほん}をくれた。　　　　　(O, X)

확인해 봅시다!

☑ **다음 문장 중 색으로 표시된 부분을 주의하며 일본어로 써 보세요.**

(1) 나는 친구에게 선물을 주었습니다.

[나 私 | 친구 友達 | 선물 プレゼント | 주다 あげる]

_____

(2) 선생님은 나에게 책을 주셨다.

[선생님 先生 | 나 私 | 책 本 | 주시다 くださる]

_____

(3) 김 씨는 박 씨에게 무엇을 받았습니까?

[김 씨 金さん | 박 씨 朴さん | 무엇 何 | 받다 もらう]

_____

(4) 나의 여동생은 선생님께 빵을 받았습니다.

[나 私 | 여동생 妹 | 선생님 先生 | 빵 パン | 받다 いただく]

_____

정답은 294쪽에서
확인하세요!

UNIT 38 수수 표현하기(2)

STEP
1

오늘의 포인트

☑ 문법 포인트를 미리 파악해 볼까요?

① 나는 친구의 사진을 찍어 주었습니다.

② 선생님은 나에게 책을 사 주셨다.

③ 당신이 그녀의 가방을 들어 주었습니까?

④ 김 씨는 나의 여동생에게 빵을 사 주었습니다.

 주목! 오늘의 핵심

물건을 주고받는 표현에 이어 동작을 주고받는 표현에 대해 알아봅시다.

STEP
2

외워 봅시다! 🎧 TRACK 38-01

☑ 오늘 나오는 단어를 미리 외워 볼까요?

빌려주다 貸す | 만화 漫画 | 가르치다 教える | 보내다 送る
교과서 教科書 | 보여주다 見せる | 만들다 作る | 작문 作文

 반짝 반짝! 보물 같은 키워드

貸す는 남에게 빌려주는 것, 借りる는 남한테 빌리는 것이라는 것을 헷갈리지 마세요.

1 수수 표현(2)

이번에는 수수 표현 중 '행동을 주고 받는 것'에 대해 살펴보겠습니다. 'あげる', 'くれる', 'もらう'와 기본적으로 동일합니다.

(1) ～てあげる ~해 주다

내가 남에게 혹은 남이 남에게 무언가 해 주는 행위를 할 때 사용합니다.

	나 → 남	남 → 남
동사 **て형+さしあげる**		드리다 (윗사람)
동사 **て형+あげる**		주다 (동급)
동사 **て형+やる**		주다 (아랫사람, 동식물)

<ruby>私<rt>わたし</rt></ruby>は<ruby>金<rt>キム</rt></ruby>さんに<ruby>本<rt>ほん</rt></ruby>を<ruby>貸<rt>か</rt></ruby>してさしあげました。
나는 김 씨에게 책을 빌려드렸습니다.
<ruby>金<rt>キム</rt></ruby>さんは<ruby>朴<rt>バク</rt></ruby>さんに<ruby>漫画<rt>まんが</rt></ruby>を<ruby>貸<rt>か</rt></ruby>してあげた。
김 씨는 박 씨에게 만화를 빌려 주었다.
<ruby>私<rt>わたし</rt></ruby>はいつも<ruby>犬<rt>いぬ</rt></ruby>にえさを<ruby>買<rt>か</rt></ruby>ってやります。
나는 항상 개에게 사료를 사 줍니다.

주의! 알아두기

'～てさしあげる'는 윗사람에게 직접 면전에서 사용하면 '생색내는 느낌'이 강하기 때문에 잘 쓰지 않습니다. 이러한 경우는 UNIT43에서 배우는 경어를 써서 표현하는 것이 좋습니다.

─ 어휘

• **貸す**<rt>か</rt> 빌려주다
• **漫画**<rt>まんが</rt> 만화
• **いつも** 항상, 언제나
• **えさ** 사료

(2) ～てくれる ~해 주다

남이 나에게 혹은 내가 속한 집단의 사람에게 무언가 해 주는 행위를 할 때 사용합니다.

남 → 나 (내 집단)

동사 て형+くださる   주시다 (윗사람)

동사 て형+くれる   주다 (동급)

金さんが私に本を買ってくれました。
김 씨가 나에게 책을 사 주었습니다.

彼女が(私の)弟に本を買ってくれました。
여자친구가 (내) 남동생에게 책을 사 주었습니다.

先生が私に日本語を教えてくださった。
선생님이 나에게 일본어를 가르쳐 주셨다.

(3) ～てもらう ~해 받다

내가 남에게 혹은 남이 남에게 무언가 행위를 받을 때 사용합니다.

나 ← 남   남 ← 남

동사 て형+いただく   받다 (윗사람)

동사 て형+もらう   받다 (동급)

私は父からお金を送ってもらいました。
나는 아빠로부터 돈을 보내 받았습니다. = 아빠는 나에게 돈을 보내 주었습니다.

彼女は金さんにパンを買ってもらいました。
그녀는 김 씨에게 빵을 사 받았습니다. = 김 씨는 그녀에게 빵을 사 주었습니다.

私は先生に本を買っていただきました。
나는 선생님에게 책을 사 받았습니다. =선생님은 나에게 책을 사 주셨습니다.

주의 알아두기

'～해 받다'라는 해석은 우리말로 하면 참 어색하지요? 따라서 누군가에게 어떤 행동을 해 받는다는 것은 결국 누군가가 나에게 해 주었다는 것이므로 '～해 주다'라고 의역하는 것이 자연스럽습니다.

어휘

• 弟 남동생
• 教える 가르치다
• 父 아빠
• 送る 보내다

(4) ~てくれる와 ~てもらう의 비교

'~てくれる'와 '~てもらう' 두 표현 모두 고맙다는 기본적인 뉘앙스를 포함하고 있습니다. 하지만 '~てくれる'는 상대가 호의적으로, 자발적으로 했다는 느낌이고, '~てもらう'는 내가 부탁한 어떤 행위를 해 줬다는 느낌의 차이가 있다는 정도로 보시면 됩니다.

友達_{ともだち}は私_{わたし}に教科書_{きょうかしょ}を見_みせてくれました。
친구는 나에게 교과서를 보여 주었습니다.
私_{わたし}は友達_{ともだち}に教科書_{きょうかしょ}を見_みせてもらいました。
나는 친구에게 교과서를 보여 받았습니다.
= 친구는 나에게 교과서를 보여 주었습니다.

주의! 알아두기

두 예문은 결국 친구가 교과서를 보여주었다는 것이지만, 첫 번째 예문은 친구가 자발적으로 보여주었다는 느낌이며, 두 번째 예문은 친구가 내 부탁을 들어주어서 고맙다는 느낌이 있습니다.

주의! 알아두기

'~てもらう'는 상대방이 나에게 받을 때는 쓸 수 없다는 것을 주의하세요!

예)
그녀는 내 여동생에게 빵을 사 받았습니다.
彼女_{かのじょ}は私_{わたし}の妹_{いもうと}にパンを買_かってもらいました。(X)
내 여동생은 그녀에게 빵을 사 주었습니다.
私_{わたし}の妹_{いもうと}は彼女_{かのじょ}にパンを買_かってあげました。(O)

어휘

· 教科書_{きょうかしょ} 교과서
· 見_みせる 보이다
· 買_かう 사다

244

연습해 봅시다!

☑ 다음 문장을 읽고 맞으면 O, 틀리면 X로 표시해 보세요.

(1) 金さんは私に本を買ってあげました。　　　(O, X)

(2) 私は友達に料理を作ってくれました。　　　(O, X)

(3) 金さんは朴さんに本を読んでくれた。　　　(O, X)

(4) 妹は先生に作文を直していただきました。(O, X)

(5) 田中さんは私に本を貸してもらった。　　　(O, X)

(6) 友達が私の弟に本を貸してくれた。　　　(O, X)

확인해 봅시다!

☑ **다음 문장 중 색으로 표시된 부분을 주의하며 일본어로 써 보세요.**

(1) 나는 친구의 사진을 찍어 주었습니다.

[나 私 | 친구 友達 | 사진 写真 | 찍다 撮る]

_____

(2) 선생님은 나에게 책을 사 주셨다.

[선생님 先生 | 나 私 | 책 本 | 사다 買う]

_____

(3) 당신이 그녀의 가방을 들어 주었습니까?

[당신 あなた | 그녀 彼女 | 가방 かばん | 들다 持つ]

_____

(4) 김 씨는 나의 여동생에게 빵을 사 주었습니다.

[김 씨 金さん | 나 私 | 여동생 妹 | 빵 パン | 사다 買う]

_____

정답은 295쪽에서
확인하세요!

39 총정리 확인 학습(3)

STEP 1 오늘의 목표

☑ **31강부터 38강까지의 내용을 정리해 볼까요?**

① 가능 표현　　　　　　⑤ ようだ

② 의지 표현　　　　　　⑥ らしい

③ 가정형　　　　　　　⑦ 양태 및 추측 뉘앙스 비교

④ そうだ　　　　　　　⑧ 수수 표현

STEP 2 단어 정리　🎧 TRACK 39-01

☑ **31강부터 38강까지 나왔던 단어를 점검해 볼까요?**

할 수 있다 できる	초밥 おすし	소문 うわさ
취소하다 取り消す	~에 의하면 ~によると	사귀다 付き合う
대답하다 答える	성격 性格	여동생 妹
채소 野菜	그치다 止む	선물 プレゼント
생각하다 思う	편하다 楽だ	남동생 弟
소설 小説	덥다 暑い	만화 漫画
쌓이다 積もる	시간 時間	보여주다 見せる
낫다 治る	마치 まるで	보내다 送る

문형 정리

R E V I E W

① 가능 표현

(1) 명사 + ができる

1) ~을/를 할 수 있다
2) ~이/가 생기다
3) ~이/가 완성되다

(2) 동사의 사전형 + ことができる ~할 수 있다

(3) 가능형 활용 방법

그룹	기본형	가능형 활용 방법
3그룹	来る, する	来られる, できる
2그룹	い단/え단 + る	い단/え단 + る → られる
1그룹	2그룹, 3그룹 제외한 나머지	う단 → え단 + る

(4) 가능형 + ようになる ~할 수 있도록 되다

② 의지 표현

(1) 의지형 활용 방법

그룹	기본형	가능형 활용 방법
3그룹	来る, する	来よう, しよう
2그룹	い단/え단 + る	い단/え단 + る → よう
1그룹	2그룹, 3그룹 제외한 나머지	う단 → お단 + う

(2) 의지형 + と思う ~하려고 생각하다
(3) 의지형 + と思っている ~하려고 생각하고 있다
(4) 의지형 + とする ~하려고 하다

③ 가정형

(1) ～と ~하면

(2) ～ば ~라면, ~하면

(3) ～たら ~라면, ~하면

(4) ～なら ~라면, ~한다면, ~일(할) 거라면

④ そうだ

(1) 전문

1) 보통체 + そうだ: ~라고 한다

2) ～によると～そうだ: ~에 의하면 ~라고 한다

(2) 양태

1) い형용사 어간/な형용사 어간/동사 ます형+そうだ: ~일/할 것 같다(긍정)

2) い형용사 어간/な형용사 어간+そうではない, 동사 ます형+そうに(も)ない:
     ~일/할 것 같지 않다(부정)

⑤ ようだ

(1) 품사별 접속 방법

품사	접속 방법
명사	の+ようだ / 보통체+ようだ
い형용사	보통체+ようだ
な형용사	だ→な + ようだ / 보통체+ようだ
동사	보통체+ようだ

(2) 추측: 불확실한 단정, 감각적인 경험(주관적 느낌이나 판단)

(3) 비유

1) まるで～ようだ 마치 ~인 것 같다

2) 명사 + のような ~와/과 같은
     명사 + のように ~와/과 같이

⑥ らしい

(1) 품사별 접속 방법

품사	접속 방법
명사	らしい / 보통체+らしい
い형용사	보통체+らしい
な형용사	어간+らしい / 보통체+らしい
동사	보통체+らしい

(2) 추측: 자기 판단이 아니라 어딘가에서 정보를 얻어서 그것을 강조해 말하는 표현, 소문

⑦ 양태 및 추측 뉘앙스 비교

	降るそうです。	비가 내린다고 합니다. (전문: 상황을 전달하는 것)
雨が	降りそうです。	비가 내릴 것 같습니다. (양태: 직관적, 직감적으로 느낀 것)
	降るようです。	비가 내릴 것 같습니다. (추측: 자신의 판단이 크게 작용)
	降るらしいです。	비가 내릴 것 같습니다. (추측: 자신의 판단이 적게 작용)

⑧ 수수 표현

(1) 물건을 주고 받는 표현

1) あげる 주다: 나 → 남, 남 → 남
2) くれる 주다: 남 → 나, 남 → 내가 속한 집단의 사람
3) もらう 받다: 나 ← 남, 남 ← 남(남←나(X) ⇒ 이 경우는 あげる로 표현)

(2) 행동을 주고 받는 표현

1) 동사 て형+あげる ~해 주다: 나 → 남, 남 → 남
2) 동사 て형+くれる ~해 주다: 남 → 나, 남 → 내가 속한 집단의 사람
3) 동사 て형+もらう ~해 받다: 나 ← 남, 남 ← 남(남←나(X) ⇒ 이 경우는 てあげる로 표현)

최종 연습 🎧 TRACK 39-02 C H E C K

1 한국어 문장을 일본어로 작문해 보세요.

〈힌트〉

나 私 | 일본어 日本語 | 할 수 있다 できる | 하루코 春子 | 가르치다 教える | 주다 くれる
받다 もらう | 마치 まるで | 한국인 韓国人 | ~인 것 같다 ようだ | 한국 韓国 | 요리 料理
배우다 習う | 생각하다 思う | ~에 의하면 ~によると | 일본 日本 | 비 雨 | (비가)오다 降る

(1) 나는 일본어를 할 수 있습니다. _____

(2) 하루코는 나에게 일본어를 가르쳐 주었습니다. _____

(3) 나는 하루코에게 일본어를 가르쳐 받았습니다. _____

(4) 마치 한국인인 것 같습니다. _____

(5) 하루코는 한국 요리를 배우려고 생각합니다. _____

(6) 하루코에 의하면 일본은 비가 오고 있다고 합니다. _____

(7) 한국도 비가 올 것 같습니다. _____

2 일본어 문장을 한국어로 해석해 보세요.

(1) 私は日本語ができます。

_____

(2) 春子は私に日本語を教えてくれました。

_____

(3) 私は春子に日本語を教えてもらいました。

_____

(4) まるで韓国人のようです。

_____

(5) 春子は韓国の料理を習おうと思います。

_____

(6) 春子によると日本は雨が降っているそうです。

_____

(7) 韓国も雨が降りそうです。

_____

LAST 통 문장 암기
위에 나왔던 문장을 통째로 암기해서
완벽하게 내 것으로 만들어 보세요!

정답은 295쪽에서
확인하세요!

40 동사 사역형 이해하기

STEP
1

오늘의 포인트

☑ 문법 포인트를 미리 파악해 볼까요?

① 엄마는 나에게 청소를 시켰습니다.

② 사장님은 나에게 일을 시킵니다.

③ 엄마는 아이에게 채소를 먹게 합니다.

④ 그는 선생님을 화나게 했다.

 주목! 오늘의 핵심

누군가에게 무엇인가를 하게 하는 표현에 대해 알아봅시다.

STEP
2

외워 봅시다! 🎧 TRACK 40-01

☑ 오늘 나오는 단어를 미리 외워 볼까요?

슈퍼 スーパー | 운동장 運動場 | 달리다 走る | 항상, 언제나 いつも | 부모님 両親

걱정하다 心配する | 합격 合格 | 기뻐하다 喜ぶ | 사장(님) 社長 | 채소 野菜

 반짝 반짝! 보물 같은 키워드

감정동사에는 '喜ぶ(기뻐하다)' 이외에 '心配する(걱정하다)', '怒る(화나다)', '悲しむ(슬퍼하다)',
'安心する(안심하다)' 등이 있습니다.

배워 봅시다! 🎧 TRACK 40-02 G R A M M A R

1 동사의 사역형

사역 표현에는 어떤 행위를 명령하거나 강요하는 강제사역 뉘앙스와 하고 싶어
하는 행위를 할 수 있도록 허용 또는 허가 하는 허용사역 뉘앙스가 있습니다.

그룹	활용 방법	예	사역형
3그룹	来る→来させる する→させる	来る 오다 する 하다	来させる 오게 하다 させる 시키다
2그룹	る→させる	食べる 먹다 見る 보다	食べさせる 먹게 하다 見させる 보게 하다
1그룹	う단→あ단+せる	飲む 마시다 行く 가다	飲ませる 마시게 하다 行かせる 가게 하다

주의! 알아두기

'う'로 끝나는 동사의 사역형은
어미를 'あ'가 아닌 'わ'로 바꾸고
'せる'를 붙입니다.

(1) 타동사의 사역문

목적어를 수반하는 타동사가 사용된 기본문을 사역문으로 바꿀 때는 행위를
시키는 사람(사역자)이 등장하여 사역문의 주어가 되고 기본문에서의 주어는
사역문에서 조사 'に'를 취하게 됩니다. 조사 'に'를 취하는 이유는 기본문의
목적어가 그대로 사역문에 남기 때문에 목적격 조사 'を'가 중복되어 문장이
어색해지기 때문입니다.

〈기본문〉 妹が 薬を飲む。여동생이 약을 먹는다.
〈사역문○〉 母が 妹に 薬を飲ませる。
　　　　　엄마(사역자)가 여동생에게 약을 먹게 한다.
〈사역문✕〉 母が 妹を 薬を飲ませる。
　　　　　엄마(사역자)가 여동생을 약을 먹게 한다.

〈기본문〉 弟が 掃除をした。남동생이 청소를 했다.
〈사역문〉 母が 弟に 掃除をさせた。
　　　　　엄마(사역자)가 남동생에게 청소를 시켰다.

ㅡ 어휘
• 母 엄마
• 妹 여동생
• 弟 남동생
• 掃除 청소

(2) 자동사의 사역문

타동사의 사역문과 동일하게 기본문에는 없었던 사람이 사역자로 등장하며, 기본문의 주어는 사역문에서 목적어가 되는데 조사 '**を**'나 '**に**'를 둘 다 취할 수 있습니다. 조사에 따라 약간의 뉘앙스 차이가 있습니다.

〈기본문〉 弟がスーパーへ行く。 남동생이 슈퍼에 간다.

〈강제사역 뉘앙스〉 母が弟をスーパーへ行かせる。
　　　　　　　　　 엄마가 남동생을 슈퍼에 가게 한다.

〈허용사역 뉘앙스〉 母が弟にスーパーへ行かせる。
　　　　　　　　　 엄마가 남동생에게 슈퍼에 가게 한다.

〈기본문〉 学生が教室で休む。 학생이 교실에서 쉰다.

〈강제사역 뉘앙스〉 先生が学生を教室で休ませる。
　　　　　　　　　 선생님이 학생을 교실에서 쉬게 한다.

〈허용사역 뉘앙스〉 先生が学生に教室で休ませる。
　　　　　　　　　 선생님이 학생에게 교실에서 쉬게 한다.

〈기본문〉 学生が運動場を走った。 학생이 운동장을 달렸다.

〈사역문○〉 先生が学生に運動場を走らせた。
　　　　　 선생님이 학생에게 운동장을 달리게 했다.

〈사역문×〉 先生が学生を運動場を走らせた。
　　　　　 선생님이 학생을 운동장을 달리게 했다.

 주의 알아두기

자동사임에도 불구하고 특정 자동사(歩く, 走る)는 조사 '**を**'를 취하는 것이 있습니다. 이 경우 사역문으로 바뀌면 목적격 조사 '**を**'가 중복되어 문장이 어색해지기 때문에 타동사의 사역문과 동일하게 무조건 '**に**'를 취합니다.

─ 어휘

· **スーパー** 슈퍼
· **運動場** 운동장
· **走る** 달리다

(3) 감정동사의 사역문

자동사임에도 불구하고 타인의 감정을 불러일으키는 감정동사는 사역문에서
조사 'を'를 취합니다.

> 泣く 울다, おどろく 놀라다, 悲しむ 슬퍼하다, 安心する 안심하다,
> 怒る 화내다, 心配する 걱정하다, 喜ぶ 기뻐하다 등

私はいつも両親を心配させました。
나는 항상 부모님을 걱정시켰습니다.
いい大学に合格して、家族を喜ばせたい。
좋은 대학에 합격해서 가족을 기쁘게 하고 싶다.

 주의 알아두기

자동사이지만 조사 'を'를 취하는
동사들을 잘 암기해 둡시다.

— 어휘

• 両親 부모님
• 大学 대학
• 合格 합격

연습해 봅시다!

☑ **다음 동사를 사역형으로 고쳐 보세요.**

동사	사역형
(1) 行く 가다	
(2) 飲む 마시다	
(3) 読む 읽다	
(4) 待つ 기다리다	
(5) 来る 오다	
(6) 見る 보다	

확인해 봅시다!

☑ 다음 문장 중 색으로 표시된 부분을 주의하며 일본어로 써 보세요.

(1) 엄마는 나에게 청소를 시켰습니다.

[엄마 母 | 나 私 | 청소 掃除 | 하다 する]

_____

(2) 사장님은 나에게 일을 시킵니다.

[사장(님) 社長 | 나 私 | 일 仕事 | 하다 する]

_____

(3) 엄마는 아이에게 채소를 먹게 합니다.

[엄마 母 | 아이 子供 | 채소 野菜 | 먹다 食べる]

_____

(4) 그는 선생님을 화나게 했다.

[그 彼 | 선생님 先生 | 화내다 怒る]

_____

정답은 295쪽에서
확인하세요!

STEP
1

오늘의 포인트

☑ **문법 포인트를 미리 파악해 볼까요?**

① 고양이가 차에 치였다.

② 지각해서 선생님에게 혼났다.

③ 나는 옆 사람에게 발을 밟혔습니다.

④ 친구가 와서 일을 할 수 없었다.

 주목! 오늘의 핵심

누군가에게 무엇인가 당한다는 표현에 대해 알아봅시다.

STEP
2

외워 봅시다! 🎧 TRACK 41-01

☑ **오늘 나오는 단어를 미리 외워 볼까요?**

고양이 猫(ねこ) ｜ 물다 かむ ｜ 쓰다 書(か)く ｜ ～에 의해 ～によって ｜ 기르던 개 飼(か)い犬(いぬ)

슬퍼하다 悲(かな)しむ ｜ 곤란하다 困(こま)る ｜ 다리 足(あし) ｜ 밟다 ふむ ｜ 치다 ひく

 반짝 반짝! 보물 같은 키워드

飼(か)い犬(いぬ)는 집에서 기르는 개를 뜻합니다. 동물을 기르는 사람, 즉 주인은 飼(か)い主(ぬし)라고 합니다.

배워 봅시다! 🎧 TRACK 41-02   G R A M M A R

1 동사의 수동형 ~에게 ~함을 당하다, 받다

수동형은 우리말로 하면 '~당하다, ~받다, ~하게 되어지다' 등으로 해석하지만 우리말에서는 거의 쓰이지 않거나 어색한 경우도 있습니다. 따라서 문장에 따라서는 직역보다는 의역이 자연스러운 경우도 많습니다.

그룹	활용 방법	예	수동형
3그룹	来る → 来られる する → される	来る 오다 する 하다	来られる 와지다 される 당하다
2그룹	~る → られる	食べる 먹다 見る 보다	食べられる 먹여지다 見られる 보여지다
1그룹	う단 → あ단+れる	飲む 마시다 行く 가다	飲まれる 마셔지다 行かれる 가지다

주의 알아두기

'う'로 끝나는 동사의 수동형은 어미를 'あ'가 아닌 'わ'로 바꾸고 'れる'를 붙입니다.

(1) 직접 수동

수동문의 주어가 동사가 나타내는 행위나 영향을 직접적으로 받는 것을 나타내는 표현입니다. 능동문의 주어는 수동문에서 조사 'に' 혹은 'によって', 'から' 등을 취합니다.

주의 알아두기

수동문의 주어는 무생물도 가능합니다.

〈능동문〉 犬が猫をかむ。 개가 고양이를 물다.
〈수동문〉 猫が犬にかまれる。 고양이가 개한테 물리다.

〈능동문〉 田中さんは1919年にこの本を書いた。
　　　　　다나카 씨는 1919년에 이 책을 썼다.
〈수동문〉 この本は1919年に田中さんによって書かれた。
　　　　　이 책은 1919년에 다나카 씨에 의해 쓰여졌다.

― 어휘
- 猫 고양이
- かむ 물다
- 書く 쓰다

(2) 간접 수동

수동문의 주어가 동사가 나타내는 행위로부터 간접적인 영향이나 피해를 입는 것을 나타내는 표현입니다. 한국어로는 직역이 안 되는 표현으로 보통은 능동문으로 해석이 되는데, 수동문의 주어가 피해 또는 마이너스적 영향을 받았다는 뜻이 포함되며, 능동문의 주어는 수동문에서 조사 に를 취합니다.

〈능동문〉飼い犬が死んだ。 기르던 개가 죽었다.

〈수동문〉(私は)飼い犬に死なれた。(悲しんでいる)

    (나는) 기르던 개가 죽었다. (슬퍼하고 있다)

    → 기르던 개에게 죽음을 당했다.

    → 기르던 개의 죽음(영향)으로 인해 나(수동문 주어)는 슬퍼하고 있다.

〈능동문〉雨が降った。 비가 왔다.

〈수동문〉(私は)雨に降られた。(困った)

    (나는) 비를 맞았다. (곤란했다)

    → 비에게 옴을 당했다.

    → 비가 옴(피해)으로 인해 나(수동문 주어)는 곤란했다.

〈능동문〉友達が来た。 친구가 왔다.

〈수동문〉(私は)友達に来られた。(勉強ができなかった)

    (나는) 친구가 왔다. (공부를 할 수 없었다)

    → 친구에게 옴을 당했다.

    → 친구가 옴(피해)으로 인해 나(수동문 주어)는 공부를 할 수 없었다.

주의! 알아두기

우리말에서는 거의 쓰지 않는 생소한 표현입니다. 어색하겠지만 잘 익혀 둡시다.

주의! 알아두기

간접수동으로 피해의 의미를 담아 쓴 문장은 마이너스적 의미를 강조하기 위해서 입니다. 따라서 이 문장 뒤에 플러스적 의미가 오면 문장이 어색해 집니다.

예) 友達に来られてよかった。
친구가 옴(피해)으로 인해 다행이다. (X)

— 어휘

- 飼い犬 기르던 개
- 死ぬ 죽다
- 悲しむ 슬퍼하다
- 雨 비
- 降る 내리다
- 困る 곤란하다

(3) 소유자 수동

능동문에 나오는 목적어의 소유자가 수동문의 주어가 됩니다. 앞서 배운 직접
수동문에서, 능동문의 목적어가 바로 수동문의 주어가 됐던 것과는 다르기 때
문에 주의합시다.

〈능동문〉 犬が子供の足をかんだ。 개가 아이의 다리를 물었다.
〈수동문〉 子供が犬に足をかまれた。 아이가 개한테 다리를 물렸다.

─ 어휘

· 犬 개
· 子供 아이
· 足 다리
· かむ 물다

연습해 봅시다!

☑ **다음 동사를 수동형으로 고쳐 보세요.**

동사	수동형
(1) 呼ぶ 부르다	
(2) ほめる 칭찬하다	
(3) ふむ 밟다	
(4) 泣く 울다	
(5) 来る 오다	
(6) 降る 내리다	

확인해 봅시다!

☑ 다음 문장 중 색으로 표시된 부분을 주의하며 일본어로 써 보세요.

(1) 고양이가 차에 치였다.

　　[고양이 猫ねこ｜차 車くるま｜치다 ひく]

　　_____

(2) 지각해서 선생님에게 혼났다.

　　[지각하다 遅刻ちこくする｜선생님 先生せんせい｜혼나다 叱しかる]

　　_____

(3) 나는 옆 사람에게 발을 밟혔습니다.

　　[나 私わたし｜옆 隣となり｜사람 人ひと｜발 足あし｜밟다 ふむ]

　　_____

(4) 친구가 와서 일을 할 수 없었다.

　　[친구 友達ともだち｜오다 来くる｜일 仕事しごと｜할 수 있다 できる]

　　_____

정답은 295쪽에서
확인하세요!

UNIT 42 동사 사역수동형 이해하기

STEP 1 오늘의 포인트

☑ **문법 포인트를 미리 파악해 볼까요?**

① 어제 술을 (억지로)마셔서 머리가 아프다.

② 청소를 싫어했지만, 엄마가 (억지로)하게 했습니다.

③ 노래방에서 (억지로)노래했습니다.

④ 나는 회사를 (억지로)그만두었습니다.

 주목! 오늘의 핵심

나는 싫지만 누군가가 시켜서 억지로 한다는 표현에 대해 알아봅시다.

STEP 2 외워 봅시다! 🎧 TRACK 42-01

☑ **오늘 나오는 단어를 미리 외워 볼까요?**

청소 掃除 | 마시다 飲む | 기다리다 待つ | 머리 頭 | 아프다 痛い

싫어하다 きらいだ | 노래하다 歌う | 그만두다 やめる

 반짝 반짝! 보물 같은 키워드

일본어로 노래를 하다는 歌を歌う!

배워 봅시다! TRACK 42-02   G R A M M A R

① 동사의 사역수동형

사역형과 수동형을 연결하여 '시키는(사역) 것을 당하다(수동)'라는 것으로 결국
'(다른 사람이 시켜서 마지 못해) ~하다'는 의미가 됩니다.

 주의 알아두기

'う'로 끝나는 동사의 사역수동형
은 어미를 'あ'가 아닌 'わ'로 바꾸
고 'せられる'를 붙입니다.

그룹	활용 방법	예	사역수동형
3그룹	来る → 来させられる する → させられる	来る 오다 する 하다	来させられる (억지로) 오다 させられる (억지로) 하다
2그룹	~る → させられる	食べる 먹다 見る 보다	食べさせられる (억지로) 먹다 見させられる (억지로) 보다
1그룹	う단 → あ단+せられる	飲む 마시다 行く 가다 会う 만나다	飲ませられる (억지로) 마시다 行かせられる (억지로) 가다 *会わせられる (억지로) 만나다

(1) 사역수동문

첫 번째 사역수동문 예문을 직역하면 '여동생은 엄마에게 약을 먹게 함을 당했다'이지만 결국은 '약을 먹었다'는 것으로 기본문과 해석이 같아집니다. 다만 싫은데 억지로 먹었다는 것을 나타내기 위해 사역 수동문을 사용하는 것이지요.

사역수동 역시 우리말에서는 쓰지 않는 표현이므로 '억지로 한다'는 뉘앙스만 있을 뿐 해석할 때는 차이가 나지 않습니다.

〈기본문〉 妹が薬を飲む。 여동생이 약을 먹는다.

〈사역문〉 母が妹に薬を飲ませる。
　　　　　엄마(사역자)가 여동생에게 약을 먹게 한다.

〈사역수동문〉 妹は母に薬を飲ませられる。
　　　　　　　여동생은 (엄마가 시켜서 억지로) 약을 먹는다.

〈기본문〉 弟が掃除をした。 남동생이 청소를 했다.

〈사역문〉 母が弟に掃除をさせた。
　　　　　엄마(사역자)가 남동생에게 청소를 시켰다.

〈사역수동문〉 弟は母に掃除をさせられた。
　　　　　　　남동생은 (엄마가 시켜서 억지로) 청소를 했다.

──── 어휘

- 母 엄마
- 妹 여동생
- 弟 남동생
- 薬 약
- 掃除 청소

(2) 사역수동의 축약형

1그룹 동사에 한해서 사역수동형 '~せられる'의 'せら'를 간단하게 'さ'로 축약하여 표현할 수 있습니다. 다만 'さ'가 중복되는 경우는 축약할 수 없습니다. 즉, 'す'로 끝나는 1그룹 동사나 2그룹, 3그룹 동사는 축약하여 표현하지 않습니다.

行かせられる → 行かされる

歌わせられる → 歌わされる

飲ませられる → 飲まされる

話す: 話させられる → 話さされる(X)

見る: 見させられる → 見さされる(X)

する: させられる → さされる(X)

─ 어휘

・行く 가다

・歌う 노래하다

・飲む 마시다

・話す 이야기하다

・見る 보다

연습해 봅시다!

☑ 다음 동사를 사역수동형으로 고쳐 보세요.

동사	사역수동형
(1) 待つ 기다리다	
(2) 読む 읽다	
(3) 話す 이야기하다	
(4) 答える 대답하다	
(5) 勉強する 공부하다	
(6) 来る 오다	

확인해 봅시다!

☑ **다음 문장 중 색으로 표시된 부분을 주의하며 일본어로 써 보세요.**

(1) 어제 술을 (억지로)마셔서 머리가 아프다.

[어제 昨日 | 술 酒 | 마시다 飲む | 머리 頭 | 아프다 痛い]

_____

(2) 청소를 싫어했지만, 엄마가 (억지로)하게 했습니다.

[청소 掃除 | 싫어하다 きらいだ | 엄마 母 | 하다 する]

_____

(3) 노래방에서 (억지로)노래했습니다.

[노래방 カラオケ | 노래하다 歌う]

_____

(4) 나는 회사를 (억지로)그만두었습니다.

[나 私 | 회사 会社 | 그만두다 やめる]

_____

정답은 295쪽에서
확인하세요!

43 경어

오늘의 포인트

☑ **문법 포인트를 미리 파악해 볼까요?**

① 선생님은 책을 읽고 계십니다.

② 선생님은 어떤 음악을 들으십니까?

③ 짐을 들어 드릴까요?

④ 이 책을 빌려 드릴까요?

 주목! 오늘의 핵심

정중하고 공손한 표현을 일본어로 어떻게 구분하고 활용하는지 알아봅시다.

외워 봅시다! 🎧 TRACK 43-01

☑ **오늘 나오는 단어를 미리 외워 볼까요?**

고국, 나라 国^{くに} ㅣ 앉다 座^{すわ}る ㅣ 이용 利用^{りよう} ㅣ 설명 説明^{せつめい} ㅣ 짐 荷物^{にもつ}
들다 持^もつ ㅣ 안내 案内^{あんない} ㅣ 몇 시쯤 何時^{なんじ}ごろ ㅣ 댁 お宅^{たく}

 반짝 반짝! 보물 같은 키워드

명사의 앞에 붙여서 말을 정중하고 예쁘게 꾸며주는 お나 ご가 어떠한 활약을 하는지 알아봅
시다.

배워 봅시다! 🎧 TRACK 43-02　　G R A M M A R

1 경어

일본어에는 자신보다 윗사람 또는 자신이 속한 집단이 아닌 외부의 사람을 높여서 표현하는 존경어와 자신을 낮추어 표현하는 겸양어가 있습니다. 우선 존경어에 대해 살펴보겠습니다.

(1) 존경어

자신보다 윗사람에게 사용하는 것으로 상대방을 높이는 말입니다. 존경어에는 공식을 이용하여 말하는 법과 특수한 존경어가 있으니 잘 알아두셔야 합니다. 그럼 공식으로 존경어를 만드는 법부터 공부해 볼까요?

1) れる・られる

'가능형과 수동형에서 공부했던 れる・られる가 왜?'라는 의문이 생기지요? 간단히 말하면 'れる・られる'의 용법에는 가능, 수동, 자발, 존경 네 가지가 있습니다.

先生も行かれますか。[行く] 선생님도 가십니까?
タバコは吸われますか。[吸う] 담배는 피우십니까?
韓国にはいつ来られますか。[来る] 한국에는 언제 오십니까?

주의! 알아두기

특히 일본어의 존경어는 우리와 달리 상대방이 윗사람일지라도 내가 속한 집단 쪽 사람인 경우는 외부 집단 앞에서는 낮추어 이야기 한다는 것에 주의하세요!

주의! 알아두기

'れる・られる' 용법 중 '자발'이란 마음, 생각이 자연스레 변화한다는 의미이며 보통 '思う(생각하다)', '考える(생각하다)', '感じる(느끼다)' 등의 동사가 자발의 용법으로 많이 쓰입니다.

— 어휘
• 行く 가다
• いつ 언제
• 来る 오다

2) お+동사의 ます형+になる

帰る → お帰りになる
→ いつお国にお帰りになりますか。 언제 고국에 돌아가십니까?

読む → お読みになる
→ 先生はこの本をお読みになりましたか。
선생님은 이 책을 읽으셨습니까?

3) お+ます형+ください / ご+명사+ください

少々お待ちください。 잠시 기다려 주세요.

あちらにお座りください。 저쪽에 앉아 주세요.

このケータイをご利用ください。 이 휴대전화를 이용해 주세요.

ご説明ください。 설명해 주세요.

4) 특별한 형태를 갖는 것

동사 기본형	존경어
いる 있다 / 来る 오다 / 行く 가다	いらっしゃる, おいでになる 계시다 / 오시다 / 가시다
言う 말하다	おっしゃる 말씀하시다
くれる 주다	くださる 주시다
する 하다	なさる 하시다
食べる 먹다 / 飲む 마시다	召し上がる 드시다, 잡수시다
見る 보다	ご覧になる 보시다
寝る 자다	お休みになる 주무시다
知る 알다	ご存じだ 아시다

주의 알아두기

'ご' 뒤에 오는 명사는 한자어입니다. 그러나 한자어에도 간혹 'お'가 앞에 붙는 경우도 있습니다.

― 어휘

• 帰る 돌아가다, 돌아오다
• 国 나라, 고국
• 読む 읽다
• 少々 잠시
• ケータイ 휴대전화
• 利用 이용
• 説明 설명

もうご飯を召し上がりましたか。벌써 밥을 드셨습니까?

金先生は東京からおいでになりました。
김 선생님은 도쿄에서 오셨습니다.

あの映画をもうご覧になりましたか。저 영화를 이미 보셨습니까?

山田先生をご存じですか。야마다 선생님을 아십니까?

先生は金さんをご存じではないそうです。
선생님은 김 씨를 모르신다고 합니다.

社長は毎日12時にお休みになるそうです。
사장님은 매일 12시에 주무신다고 합니다.

5) 특별한 활용

배운 대로 하면 1그룹 동사의 ます형은 당연히 어미 'る'가 'り'가 되어야 하지만 'い'가 된다는 것을 주의해야 합니다.

동사	존경어 기본형	ます형
いる / 来る / 行く	いらっしゃる	いらっしゃいます
言う	おっしゃる	おっしゃいます
くれる	くださる	くださいます
する	なさる	なさいます

先生は何とおっしゃいましたか。선생님은 뭐라고 말씀하셨습니까?

いつ韓国へいらっしゃいますか。언제 한국에 가십니까?

先生がこの本をくださいました。선생님이 이 책을 주셨습니다.

社長は今出発なさる予定です。사장님은 지금 출발하실 예정입니다.

주의 알아두기

이러한 존경어 중에서 'れる・られる'를 이용한 표현이 존경도가 낮습니다.

― 어휘

• **もう** 벌써, 이미
• **ご飯** 밥
• **映画** 영화
• **社長** 사장님
• **毎日** 매일
• **出発する** 출발하다
• **予定** 예정

274

(2) 겸양어

겸양어는 자신의 행위를 낮추어 말함으로써 상대방을 높여주는 표현입니다.
우리말로는 거의 사용하지 않기 때문에 어렵게 느껴지지만, 일본에서는 아주
잘 사용하므로 잘 정리를 해 두어야 합니다. 겸양어 역시 공식을 이용하여 말
하는 방법과 특수한 겸양어가 있습니다.

1) お+ます형+する

持<small>も</small>つ → お持<small>も</small>ちする
    → お荷物<small>にもつ</small>をお持<small>も</small>ちしましょうか。 짐을 들어 드릴까요?

貸<small>か</small>す → お貸<small>か</small>しする
    → この傘<small>かさ</small>をお貸<small>か</small>ししましょうか。 이 우산을 빌려드릴까요?

送<small>おく</small>る → お送<small>おく</small>りする
    → 部長<small>ぶちょう</small>、駅<small>えき</small>までお送<small>おく</small>りします。 부장님, 역까지 배웅해 드리겠습니다.

2) ご+명사+する

案内<small>あんない</small>する → ご案内<small>あんない</small>しましょうか。 안내해 드릴까요?
説明<small>せつめい</small>する → ご説明<small>せつめい</small>します。 설명해 드리겠습니다.
紹介<small>しょうかい</small>する → ご紹介<small>しょうかい</small>します。 소개해 드리겠습니다.

주의! 알아두기

'する' 대신 'いたす'를 사용해도
됩니다. 'いたす'쪽이 더 겸손한
표현입니다.

예) お願<small>ねが</small>いします。
  < お願<small>ねが</small>いいたします。

──── 어휘

• 持<small>も</small>つ 들다
• 傘<small>かさ</small> 우산
• 貸<small>か</small>す 빌려주다
• 送<small>おく</small>る 배웅하다
• 案内<small>あんない</small> 안내
• 紹介<small>しょうかい</small> 소개

3) 동사 사역형 + ていただく

동사 사역형에 '~ていただく'를 붙이면, '상대가 시킨 것을 내가 받아서 하겠다' 라는 것으로 정중하게 허락을 구하는 것을 나타냅니다.

これから発表させていただきます。지금부터 발표하겠습니다.
今日は、先に帰らせていただきます。오늘은 먼저 돌아가겠습니다.

4) 특별한 형태를 갖는 것

동사 기본형	겸양어
いる 있다	おる 있다
来る 오다 / 行く 가다	参る 오다 / 가다
言う 말하다	申す 말씀드리다
あげる 주다	さしあげる 드리다
する 하다	いたす 하다
食べる 먹다 / 飲む 마시다	いただく 먹다 / 마시다 / 받다
見る 보다	拝見する 보다
知る 알다	存じる 알다
聞く 묻다 / 訪ねる 묻다, 찾아가다	伺う 여쭙다, 찾아뵈다
会う 만나다	お目にかかる 만나뵈다

先生の奥様にお目にかかりました。선생님 부인을 만나뵀습니다.
何時ごろお宅に伺いましょうか。몇 시쯤 댁에 방문할까요?
その話は山田さんから伺いました。그 이야기는 야마다 씨에게서 들었습니다.
そのお写真を拝見してもよろしいですか。그 사진을 봐도 되겠습니까?
この本は先生からいただきました。이 책은 선생님에게서 받았습니다.

— 어휘

• 奥様 부인
• お宅 댁
• 写真 사진

연습해 봅시다! E X E R C I S E

☑ **다음 문장을 존경어나 겸양어로 바꿔 보세요.**

(1) 社長はもう帰りました。(존경어–공식)

_____

(2) 昨日、誰に会いましたか。(존경어–れる・られる)

_____

(3) 社長は何時ごろいますか。(존경어–특별한 형태)

_____

(4) 傘を貸しましょうか。(겸양어–공식)

_____

(5) かばんを持ちます。(겸양어–공식)

_____

(6) 明日、電話します。(겸양어–공식)

_____

확인해 봅시다!

EXERCISE

☑ **다음 문장 중 색으로 표시된 부분을 주의하며 일본어로 써 보세요.**

(1) 선생님은 책을 읽고 계십니다.

[선생님 先生 | 책 本 | 읽다 読む]

_____

(2) 선생님은 어떤 음악을 들으십니까?(れる・られる)

[선생님 先生 | 어떤 どんな | 음악 音楽 | 듣다 聞く]

_____

(3) 짐을 들어 드릴까요?

[짐 お荷物 | 들다 持つ]

_____

(4) 이 책을 빌려 드릴까요?

[책 本 | 빌려주다 貸す]

_____

정답은 296쪽에서
확인하세요!

44 총정리 확인 학습(4)

STEP
1

오늘의 목표

☑ **40강부터 43강까지의 내용을 정리해 볼까요?**

① 동사 사역형 활용 방법　　⑤ 동사 사역수동형 활용 방법

② 사역문　　　　　　　　　⑥ 사역수동문

③ 동사 수동형 활용 방법　　⑦ 존경어

④ 수동문　　　　　　　　　⑧ 겸양어

STEP
2

단어 정리 🎧 TRACK 44-01

☑ **40강부터 43강까지 나왔던 단어를 점검해 볼까요?**

슈퍼 スーパー	~에 의해 ~によって	그만두다 やめる
달리다 走る	다리 足	고국, 나라 国
항상, 언제나 いつも	밟다 ふむ	이용 利用
걱정하다 心配する	치다 ひく	짐 荷物
합격 合格	기다리다 待つ	들다 持つ
기뻐하다 喜ぶ	머리 頭	안내 案内
슬퍼하다 悲しむ	아프다 痛い	몇 시쯤 何時ごろ
물다 かむ	노래하다 歌う	댁 お宅

문형 정리

1 동사 사역형 활용 방법

그룹	기본형	사역형 활용 방법
3그룹	来る, する	来させる, させる
2그룹	い단/え단 + る	い단/え단 + る → させる
1그룹	2그룹, 3그룹 제외한 나머지	う단 → あ단 + せる 〜う → わせる

2 사역문

(1) 타동사의 사역문: 기본문의 주어는 사역문에서 조사 'に'를 취함

(2) 자동사의 사역문: 기본문의 주어는 사역문에서 조사 'を'나 'に'를 취함
   (특정한 자동사(歩く, 走る)는 'に')

(3) 감정동사의 사역문: 조사 'を'를 취함

3 동사 수동형 활용 방법

그룹	기본형	수동형 활용 방법
3그룹	来る, する	来られる, される
2그룹	い단/え단 + る	い단/え단 + る → られる
1그룹	2그룹, 3그룹 제외한 나머지	う단 → あ단 + れる 〜う → われる

4 수동문

(1) 직접 수동: 직접적으로 동작, 행위의 영향을 받는 것

(2) 간접 수동: 동작, 행위로부터 간접적인 영향, 피해를 입는 것

(3) 소유자 수동: 능동문 목적어의 소유자가 수동문의 주어

⑤ 동사 사역수동형 활용 방법

그룹	기본형	사역수동형 활용 방법
3그룹	来る, する	来させられる, させられる
2그룹	い단/え단 + る	い단/え단 + る → させられる
1그룹	2그룹, 3그룹 제외한 나머지	う단 → あ단 + せられる ～う → わせられる

⑥ 사역수동문

(1) 사역수동문: 사역형과 수동형을 연결하여 '시키는 것을 당하다'로
결국 '어쩔 수 없이 억지로 했다'는 의미

(2) 사역수동의 축약형: せられる → される
(1그룹 동사이더라도 '～す'로 끝나는 동사이거나 2그룹 동사, 3그룹 동사는 축약할 수 없다)

⑦ 존경어

(1) れる · られる
(2) お+ます형/ご+명사+になる
(3) お+ます형/ご+명사+ください
(4) 특별한 형태

동사 기본형	존경어
いる 있다 / 来る 오다 / 行く 가다	いらっしゃる, おいでになる 계시다 / 오시다 / 가시다
言う 말하다	おっしゃる 말씀하시다
くれる 주다	くださる 주시다
する 하다	なさる 하시다
食べる 먹다 / 飲む 마시다	召し上がる 드시다, 잡수시다
見る 보다	ご覧になる 보시다
寝る 자다	お休みになる 주무시다
知る 알다	ご存じだ 아시다

8 겸양어

(1) お+ます형+する

(2) ご+명사+する

(3) 사역형+ていただく

(4) 특별한 형태

동사 기본형	겸양어
いる 있다	おる 있다
来る 오다 / 行く 가다	参る 오다/가다
言う 말하다	申す 말씀드리다
あげる 주다	さしあげる 드리다
する 하다	いたす 하다
食べる 먹다 / 飲む 마시다	いただく 먹다 / 마시다 / 받다
見る 보다	拝見する 보다
知る 알다	存じる 알다
聞く 묻다 / 訪ねる 묻다, 찾아가다	伺う 여쭙다, 찾아뵈다
会う 만나다	お目にかかる 만나뵈다

최종 연습 🎧 TRACK 44-02 C H E C K

❶ 한국어 문장을 일본어로 작문해 봅시다.

〈힌트〉

김 씨 金さん | 매일 毎日 | 남편 夫 | 요리 料理 | 만들다 作る | 반드시 必ず
아이 子供 | 아침밥 朝ご飯 | 먹다 食べる | 휴대전화 ケータイ | 이용 利用
금지하다 禁止する | 사원 社員 | 사장 社長 | 일요일 日曜日 | 일하다 働く
선생님 先生 | 오다 来る | 언제 いつ | 돌아가다 帰る | 가방 かばん | 들다 持つ

(1) 김 씨는 매일 남편에게 요리를 만들게 하거나, 청소를 시키거나 합니다.

＿＿＿＿＿＿＿＿＿＿＿＿＿＿＿＿＿＿＿＿＿＿＿＿＿＿＿＿＿＿＿

(2) 반드시 아이에게 아침밥을 먹게 하고 있습니다.　＿＿＿＿＿＿＿＿＿＿＿＿＿＿＿＿＿

(3) 휴대전화의 이용은 금지되어 있습니다.　＿＿＿＿＿＿＿＿＿＿＿＿＿＿＿＿＿

(4) 비가 와서 감기에 걸려버렸습니다.　＿＿＿＿＿＿＿＿＿＿＿＿＿＿＿＿＿

(5) 사원은 (사장이 시켜서 억지로) 일요일도 일했습니다.

＿＿＿＿＿＿＿＿＿＿＿＿＿＿＿＿＿＿＿＿＿＿＿＿＿＿＿＿＿＿＿

(6) 선생님은 내일 학교에 오십니까?(れる・られる)　＿＿＿＿＿＿＿＿＿＿＿＿＿＿＿＿＿

(7) 언제 한국에 돌아가십니까?　＿＿＿＿＿＿＿＿＿＿＿＿＿＿＿＿＿

(8) 선생님, 제가 가방을 들어 드리겠습니다.

＿＿＿＿＿＿＿＿＿＿＿＿＿＿＿＿＿＿＿＿＿＿＿＿＿＿＿＿＿＿＿

❷ 일본어 문장을 한국어로 해석해 봅시다.

(1) 金さんは毎日夫に料理を作らせたり、掃除をさせたりします。

_____

(2) 必ず子供に朝ご飯を食べさせています。

_____

(3) ケータイの利用は禁止されています。

_____

(4) 雨に降られて、風邪を引いてしまいました。

_____

(5) 社員は社長に日曜日も働かせられました。

_____

(6) 先生は明日学校へ来られますか。

_____

(7) いつ韓国にお帰りになりますか。

_____

(8) 先生、私がかばんをお持ちします。

_____

LAST 통 문장 암기
위에 나왔던 문장을 통째로 암기해서
완벽하게 내 것으로 만들어 보세요!

정답은 296쪽에서
확인하세요!

정 답 \;부록

본과

STEP4. 연습해 봅시다!

STEP5. 확인해 봅시다!

총정리 확인 학습

STEP4. 최종 연습

UNIT 01

STEP 4

(1) 커피숍　　(2) 아르바이트

(3) 노래방　　(4) 맥주

(5) 택시　　(6) 라면

(7) 화장실

UNIT 02

STEP4

(1) 私の

(2) あなたの

(3) 私の彼女です。

(4) 私の彼氏です。

(5) あなたの彼氏ですか。

(6) 私の彼女じゃ(=では)ないです(=ありません)。

STEP5

(1) これは金さんのかばんですか。

(2) 金さんの彼女は誰ですか。

(3) これは先生のですか。

(4) いいえ、先生のじゃ(=では)ないです(=ありません)。

UNIT 03

STEP4

(1) この本です。

(2) この本じゃ(=では)ない。

(3) この本じゃ(=では)ないですか(=ありませんか)。

(4) こちらです。

(5) こちらじゃ(=では)ない。

(6) こちらじゃ(=では)ないですか(=ありませんか)。

STEP5

(1) すみません。ソウル大学はどちらですか。

(2) この本は誰の本ですか。

(3) 日本語の先生はどんな人ですか。

(4) そのノートは金さんのです。

UNIT 04

STEP4

(1) 仕事だ。

(2) 仕事だった。

(3) 仕事じゃ(=では)ない。

(4) 仕事じゃ(=では)なかった。

(5) 学生です。

(6) 学生でした。

(7) 学生じゃ(=では)ないです(=ありません)。

(8) 学生じゃ(=では)なかったです(=ありませんでした)。

STEP5

(1) 休みはいつでしたか。

(2) ここじゃ(=では)なかった。

(3) 酒だった。

(4) 今日は仕事で、明日は休みです。

UNIT 05

STEP4

(1) 学校_{がっこう}があります。

(2) 学校_{がっこう}もあります。

(3) 学校_{がっこう}はありません。

(4) 学校_{がっこう}に教室_{きょうしつ}があります。

(5) 教室_{きょうしつ}に学生_{がくせい}がいます。

(6) 教室_{きょうしつ}に誰_{だれ}がいますか。

(7) 誰_{だれ}もいません。

(8) 学生_{がくせい}はお金_{かね}がありません。

STEP5

(1) 先生_{せんせい}のかばんはどこにありますか。

(2) テーブルの上_{うえ}にあります。

(3) A: 彼女_{かのじょ}いますか。B: いいえ、いません。

(4) 私_{わたし}の前_{まえ}に金_{キム}さんがいます。

UNIT 06

STEP4

(1) おもしろい先生_{せんせい}

(2) おもしろくない先生_{せんせい}

(3) おいしいラーメン

(4) おいしくないラーメン

(5) ラーメンとコーヒーとどちら(の方_{ほう})が高_{たか}いですか。

(6) コーヒーの中_{なか}でこれが一番安_{いちばんやす}いです。

STEP5

(1) A: このかばんは安_{やす}いですか。
  B: はい、高_{たか}いかばんじゃ(=では)ないです(=ありません)。

(2) 日本_{にほん}は寒_{さむ}くないです(=くありません)。

(3) 韓国_{かんこく}のビールと日本_{にほん}のビールとどちら(の方_{ほう})がおいしい
  ですか。

(4) ビールの中_{なか}で何_{なに}が一番_{いちばん}おいしいですか。

UNIT 07

STEP4

(1) かわいかった。

(2) かわいくない。

(3) かわいくなかった。

(4) かわいかったです。

(5) かわいくないです(=くありません)。

(6) かわいくなかったです(=くありませんでした)。

(7) かわいく

(8) かわいくておもしろい先生_{せんせい}

STEP5

(1) A: 昨日_{きのう}忙_{いそが}しかった? B: ううん、忙_{いそが}しくなかった。

(2) 天気_{てんき}はよかったですか。

(3) いいえ、よくなかったです(=くありませんでした)。

(4) 日本語_{にほんご}はおもしろくてやさしいです。

UNIT 08

STEP4

(1) 親切_{しんせつ}な人_{ひと}

(2) 親切_{しんせつ}じゃ(=では)ない人_{ひと}

(3) 簡単_{かんたん}な料理_{りょうり}

(4) 簡単_{かんたん}じゃ(=では)ない料理_{りょうり}

(5) 日本語_{にほんご}と英語_{えいご}とどちら(の方_{ほう})が簡単_{かんたん}ですか。

(6) 学生_{がくせい}の中_{なか}で誰_{だれ}が一番親切_{いちばんしんせつ}ですか。

STEP5

(1) 親切_{しんせつ}な先生_{せんせい}です。

(2) 日本語_{にほんご}は簡単_{かんたん}じゃ(=では)ないです(=ありません)。

(3) (お)元気_{げんき}ですか。

(4) シウォンスクールの先生_{せんせい}の中_{なか}で誰_{だれ}が一番有名_{いちばんゆうめい}ですか。

UNIT 09

STEP4

(1) 親切だった。

(2) 親切じゃ(=では)ない。

(3) 親切じゃ(=では)なかった。

(4) 親切でした。

(5) 親切じゃ(=では)ないです(=ありません)。

(6) 親切じゃ(=では)なかったです(=ありませんでした)。

(7) 親切に

(8) 親切できれいな学生

STEP5

(1) 日本はきれいだった?

(2) ううん、きれいじゃ(=では)なかった。

(3) 料理が上手な人が好きです。

(4) 日本語は簡単でおもしろいです。

UNIT 10

STEP4

(1) 1그룹	(2) 2그룹
(3) 1그룹	(4) 2그룹
(5) 3그룹	(6) 2그룹
(7) 1그룹	(8) 3그룹

STEP5

(1) 3그룹, 오다	(2) 1그룹, 가다
(3) 1그룹, 마시다	(4) 2그룹, 먹다
(5) 1그룹, 열심히 하다	(6) 3그룹, 하다
(7) 2그룹, 보다	(8) 1그룹, 자르다

UNIT 11

STEP4

(1) 2그룹, 起きます	(2) 1그룹, 洗います
(3) 1그룹, 読みます	(4) 1그룹, 行きます
(5) 1그룹, あります	(6) 3그룹, します
(7) 1그룹, 休みます	(8) 1그룹, 飲みます
(9) 2그룹, 寝ます	(10) 2그룹, います

STEP5

(1) 私は日本人の友達がいます。

(2) 日本語の勉強をします。

(3) 明日日本に行きます。

(4) 今日は早く寝ます。

UNIT 12

STEP4

(1) 飲みます。	(2) 飲みません。
(3) 飲みました。	(4) 飲みましたか。
(5) 飲みませんでした。	(6) 飲みましょう。

STEP5

(1) 日本語の勉強、がんばりましょう。

(2) はい、分かりました。

(3) A: 映画見ましょうか。B: すみません…。見ました。

(4) コーヒーは飲みますが、コーラは飲みません。

UNIT 13

STEP4

(1) ラーメンを食べに行きます。

(2) ラーメンを食べに来ました。

(3) 遊びに行きましょうか。

(4) 遊びに来ました。

(5) 友達に会いに行きます。

(6) 友達に会いに来ました。

STEP5

(1) 友達に会いに日本に行きます。

(2) コーヒー飲みに行きましょうか。

(3) 食事に行きませんか。

(4) 友達が遊びに来ました。

UNIT 14

STEP4

(1) お酒を飲みながらタバコを吸います。

(2) タバコを吸いながらお酒を飲みます。

(3) 本を読みながら友達を待ちます。

(4) 友達を待ちながら本を読みます。

(5) 遊びすぎる。

(6) 飲みすぎる。

STEP5

(1) コーヒーを飲みながら話しましょうか。

(2) 音楽を聞きながら運動をします。

(3) 昨日は飲みすぎました。

(4) 寝すぎました。

UNIT 15

STEP4

(1) ラーメンが食べたいです。

(2) おもしろい映画が見たいです。

(3) 友達になりたいです。

(4) 新しいケータイがほしいです。

(5) 先生と話したいです。

(6) 彼女に会いたいです。

STEP5

(1) 日本に遊びに行きたいです。

(2) 今日は勉強したくないです(=くありません)。

(3) おいしいラーメンが食べたかったです。

(4) 日本人の友達がほしいです。

UNIT 16

STEP4

(1) 食べたがる。　　　(2) 飲みたがる。

(3) 会いたがる。　　　(4) 行きたがっている。

(5) 休みたがっている。　(6) 寝たがっている。

STEP5

(1) 子供は遊びたがります。

(2) 人は休みたがります。

(3) 子供はおもちゃをほしがります。

(4) 人間はお金をほしがる。

UNIT 17

STEP4

(1) 飲みやすい。　　　(2) 食べやすい。

(3) 分かりにくい。　　(4) 読みにくい。

(5) 言い方　　　　　　(6) 使い方

STEP5

(1) 先生の説明は分かりやすいです。

(2) 漢字は覚えにくいです。

(3) 漢字は読み方が難しいです。

(4) お休みなさい。

UNIT 18

STEP4

❶ (1) は・の   (2) は・が

  (3) に   (4) が

❷ (1) 私は韓国人です。
  (2) 日本の東京に友達がいます。
  (3) 友達は日本人で、名前は春子です。
  (4) 春子の名前は書き方が簡単で、覚えやすいです。
  (5) 春子はおもしろくて親切です。
  (6) もちろん韓国語も上手です。
  (7) 私は日本のビールが好きで、
  (8) 春子は韓国のキムチが好きです。
  (9) 春子とビールを飲みながら話したいです。
  (10) 私は今日、春子に会いに日本に行きます。
  (11) 早く春子に会いたいです。

❸ (1) 나는 한국인입니다.
  (2) 일본 도쿄에 친구가 있습니다.
  (3) 친구는 일본인이고 이름은 하루코입니다.
  (4) 하루코의 이름은 쓰는 법이 간단해서 외우기 쉽습니다.
  (5) 하루코는 재미있고 친절합니다.
  (6) 물론 한국어도 잘합니다.
  (7) 나는 일본의 맥주를 좋아하고,
  (8) 하루코는 한국의 김치를 좋아합니다.
  (9) 하루코와 맥주를 마시면서 이야기하고 싶습니다.
  (10) 나는 오늘 하루코를 만나러 일본에 갑니다.
  (11) 빨리 하루코를 만나고 싶습니다.

UNIT 19

STEP4

(1) 1그룹, 脱いで   (2) 3그룹, 来て
(3) 1그룹, 待って   (4) 3그룹, して
(5) 1그룹, がんばって   (6) 1그룹, 呼んで

(7) 2그룹, 教えて   (8) 1그룹, 帰って

STEP5

(1) デパートに行ってかばんを買いました。
(2) 友達に会ってコーヒーを飲みながら話しました。
(3) 風邪を引いて病院に行きます。
(4) 家に帰ってご飯を食べながらテレビを見ます。

UNIT 20

STEP4

(1) 化粧をしてから服を着ます。
(2) 服を着てから化粧をします。
(3) 早く来てください。
(4) 早く来てくださいませんか。
(5) 静かにしてください。
(6) 静かにしてくださいませんか。

STEP5

(1) ここに名前を書いてください。
(2) ちょっと待ってください。
(3) 日本語を教えてくださいませんか。
(4) 歯を磨いてから顔を洗います。

UNIT 21

STEP4

(1) 使ってもいいです。   (2) 使ってはいけません。
(3) してはいけません。   (4) してもいいです。
(5) 使ってみます。   (6) してみます。

STEP5

(1) 辞書を引いても分かりません。
(2) 今日は早く帰ってもいいですか。

(3) 写真を撮ってはいけません。

(4) この服、着てみてもいいですか。

UNIT 22

STEP4

(1) ②　　　　　　(2) ②

(3) ①　　　　　　(4) ①

STEP5

(1) 今までがまんしてきました。

(2) 傘を持ってきましたか。

(3) 全部飲んでしまいました。

(4) 掃除をしておきました。

UNIT 23

STEP4

(1) X　　　　　　(2) O

(3) O　　　　　　(4) O

STEP5

(1) 何をしていますか。

(2) ご飯を食べています。

(3) A: 金さんは学校に来ましたか。

　　 B: いいえ、まだ来ていません。

(4) 先生の電話番号を知っていますか。

UNIT 24

STEP4

(1) ①　　　　　　(2) ②

(3) ①　　　　　　(4) ①

STEP5

(1) 窓が開いていて、寒いです。

(2) ゴミが捨ててあります。

(3) 風が入るように、窓が開けてあります。

(4) 金先生は眼鏡をかけています。

UNIT 25

STEP4

(1) 海外に行ったことがある。

(2) 財布を無くしたことがある。

(3) アルバイトをしたことがない。

(4) 薬を飲んだ方がいいです。

(5) 運動をした方がいいです。

(6) 化粧をした方がいいです。

STEP5

(1) 日本に着いた。

(2) 日本のラーメンを食べたことがない。

(3) 芸能人に会ったことがありますか。

(4) 今日は休んだ方がいいです。

UNIT 26

STEP4

(1) 日本語は簡単だったり、複雑だったりします。

(2) 学校は静かだったり、うるさかったりします。

(3) 映画を見たり、コーヒーを飲んだりします。

STEP5

(1) 掃除をしたり、休んだりします。

(2) パンを食べたり、ラーメンを食べたりします。

(3) 家の前を行ったり来たりします。

(4) 忙しかったり、暇だったりします。

UNIT 27

STEP4

(1) 彼女がいたら、何がしたいですか。

(2) 日本に着いたら、連絡してください。

(3) 食べてみたらどうですか。

(4) 休んだらどうですか。

(5) 食べてみたらおいしくなかったです

　　(=くありませんでした)。

(6) ドアを開けたら犬がいました。

STEP5

(1) 彼氏がいたら一緒に遊びに行きたいです。

(2) 今日は休んだらどうですか。

(3) 酒を飲んだら顔が赤くなります。

(4) 酒を飲んだら顔が赤くなりました。

UNIT 28

STEP4

(1) 吸わない・吸わないで・吸わずに

(2) 捨てない・捨てないで・捨てずに

(3) 書かない・書かないで・書かずに

(4) しない・しないで・せずに

(5) 来ない・来ないで・来ずに

(6) 入らない・入らないで・入らずに

STEP5

(1) 私はタバコを吸わない。

(2) このへやに入らないでください。

(3) ここにゴミを捨てないでください。

(4) ご飯を食べないで(=食べずに)パンを食べます。

UNIT 29

STEP4

(1) 休まない方がいい。

(2) 休まなくてもいい。

(3) 休まなくてはいけません。

(4) 来ない方がいい。

(5) 来なくてもいい。

(6) 来なくてはいけません。

STEP5

(1) 無理しない方がいいです。

(2) 学生は勉強しなくてはいけません。

(3) 日曜日は会社に行かなくてもいいです。

(4) 食べたくない？　食べなくてもいい!

UNIT 30

STEP4

❶ (1) 私は春子に会いました。

　(2) 春子に会ってご飯を食べてから

　(3) ビールを飲みに行きました。

　(4) 私は春子とソウルのミョンドンで、

　(5) ビールを飲んだことがあります。

　(6) 今日も春子と話したり、

　(7) ビールを飲んだりしました。

　<春子の家>

　(8) 春子：私のへやで休んでもいい。

　(9) 私：ありがとう。あの、へやでタバコを吸ってもいい?

　(10) 春子：ううん。タバコは吸ってはだめ。
　　　　　　タバコは吸わない方がいい。

　(11) 私：うん、分かった。お休み。

　<空港>

　(12) 春子：勉強がんばって。私を忘れないで。

　(13) 私：もちろん、春子も!あっ!財布忘れてしまった!

(14) 春子：私が持ってきた。

(15) 私：よかった。ありがとう!

❷ (1) 나는 하루코를 만났습니다.

(2) 하루코를 만나서 밥을 먹고 나서

(3) 맥주를 마시러 갔습니다.

(4) 나는 하루코와 서울의 명동에서

(5) 맥주를 마신 적이 있습니다.

(6) 오늘도 하루코와 이야기하기도 하고

(7) 맥주를 마시기도 했습니다.

<하루코의 집>

(8) 하루코: 내 방에서 쉬어도 좋아.

(9) 나: 고마워. 저, 방에서 담배를 피워도 돼?

(10) 하루코:아니. 담배는 피우면 안돼. 담배는 피우지 않는편이 좋아.

(11) 나: 응, 알았어. 잘 자.

<공항>

(12) 하루코: 공부 열심히 해. 나를 잊지 마.

(13) 나: 물론, 하루코도! 앗! 지갑 깜박해 버렸다!

(14) 하루코: 내가 가져 왔어.

(15) 나: 다행이다. 고마워!

UNIT 31

STEP4

(1) 帰ることができる　(2) 帰れる

(3) 答えることができる　(4) 答えられる

(5) することができる　(6) できる

STEP5

(1) 日本語の本を読むことができるようになりました/
日本語の本が読めるようになりました。

(2) 予約を取り消すことができますか/予約が取り消せますか。

(3) 仕事があって早く帰ることができません/
仕事があって早く帰れません。

(4) 私はワインは飲むことができませんが、

ビールは飲むことができます/
私はワインは飲めませんが、ビールは飲めます。

UNIT 32

STEP4

(1) 習おう。　(2) 習おうと思う。

(3) 習おうと思っている。　(4) 習おうとする。

(5) しよう。　(6) しようと思う。

(7) しようと思っている。　(8) しようとする。

STEP5

(1) 日本の小説を読んでみようか。

(2) 明日から早く起きよう。

(3) 日本語を習おうと思っています。

(4) 出発しようとしています。

UNIT 33

STEP4

(1) 来ると　(2) 来れば

(3) 来るなら　(4) 来たら

(5) 行くと　(6) 行けば

(7) 行くなら　(8) 行ったら

STEP5

(1) お金を入れると切符が出ます。

(2) 寒ければドアを閉めます。

(3) 日本に行ったら電話してください。

(4) 日本に行くなら電話してください。

STEP4

(1) 彼は親切だそうだ。

(2) 映画がおもしろくなかったそうだ。

(3) 先生は性格がいいそうだ

(4) 明日は晴れないそうだ。

(5) 雨が止むそうだ。

(6) 彼が来たそうだ。

STEP5

(1) ニュースによると、台風が来るそうです。

(2) 最近ダイエットする人が増えているそうです。

(3) 金さんは結婚しているそうです。

(4) 先生は親切で優しいそうです。

UNIT35

STEP4

(1) 彼は親切そうではない。

(2) 映画はおもしろそうだ。

(3) 先生は性格がよさそうではない。

(4) 明日は晴れそうだ。

(5) 雨が止みそうに(も)ない。

(6) 彼が来そうに(も)ない。

STEP5

(1) 彼は時間がなさそうです。

(2) この服は高そうです。

(3) 今日は休めそうです。

(4) 彼女は親切で優しそうです。

UNIT 36

STEP4

(1) ソウルのような賑やかなところに住みたいです。

　　ソウルのように、賑やかなところに住みたいです。

(2) モデルのような背が高い人がタイプです。

　　モデルのように、背が高い人がタイプです。

(3) ケーキのような甘い物が好きです。

　　ケーキのように、甘い物が好きです。

STEP5

(1) A: あの店はいつも人が多いですね。

　　B: 料理がおいしいようですね。/

　　　おいしいらしいですね。

(2) 彼はまるで韓国人のようです。

(3) アイドルのような芸能人になりたいです。

(4) 彼は結婚するらしいです。

UNIT 37

STEP4

(1) X　　　　　　　　(2) X

(3) X　　　　　　　　(4) X

(5) O　　　　　　　　(6) O

STEP5

(1) 私は友達にプレゼントをあげました。

(2) 先生は私に本をくださった。

(3) 金さんは朴さんに何をもらいましたか。

(4) 私の妹は先生にパンをいただきました。

UNIT 38

STEP4

(1) X   (2) X

(3) X   (4) O

(5) X   (6) O

STEP5

(1) 私は友達の写真を撮ってあげました。

(2) 先生は私に本を買ってくださった。

(3) あなたが彼女のかばんを持ってあげましたか。

(4) 金さんは私の妹にパンを買ってくれました。

UNIT 39

STEP4

❶ (1) 私は日本語ができます。

  (2) 春子は私に日本語を教えてくれました。

  (3) 私は春子に日本語を教えてもらいました。

  (4) まるで韓国人のようです。

  (5) 春子は韓国の料理を習おうと思います。

  (6) 春子によると日本は雨が降っているそうです。

  (7) 韓国も雨が降りそうです。

❷ (1) 나는 일본어를 할 수 있습니다.

  (2) 하루코는 나에게 일본어를 가르쳐 주었습니다.

  (3) 나는 하루코에게 일본어를 가르쳐 받았습니다.

  (4) 마치 한국인인 것 같습니다.

  (5) 하루코는 한국 요리를 배우려고 생각합니다.

  (6) 하루코에 의하면 일본은 비가 오고 있다고 합니다.

  (7) 한국도 비가 올 것 같습니다.

UNIT 40

STEP4

(1) 行かせる   (2) 飲ませる

(3) 読ませる   (4) 待たせる

(5) 来させる   (6) 見させる

STEP5

(1) 母は私に掃除をさせました。

(2) 社長は私に仕事をさせます。

(3) 母は子供に野菜を食べさせます。

(4) 彼は先生を怒らせた。

UNIT 41

STEP4

(1) 呼ばれる   (2) ほめられる

(3) ふまれる   (4) 泣かれる

(5) 来られる   (6) 降られる

STEP5

(1) 猫が車にひかれた。

(2) 遅刻して先生に叱られた。

(3) 私は隣の人に足をふまれました。

(4) 友達に来られて仕事ができなかった。

UNIT 42

STEP4

(1) 待たせられる/待たされる

(2) 読ませられる/読まされる

(3) 話させられる   (4) 答えさせられる

(5) 勉強させられる   (6) 来させられる

STEP5

(1) 昨日、酒を飲ませられて頭が痛い。
(2) 掃除がきらいでしたが、母にさせられました。
(3) カラオケで歌わせられました。
(4) 私は会社をやめさせられました。

UNIT 43

STEP4

(1) 社長はもうお帰りになりました。
(2) 昨日、誰に会われましたか。
(3) 社長は何時ごろいらっしゃいますか。
(4) 傘をお貸ししましょうか。
(5) かばんをお持ちします。
(6) 明日、お電話します。

STEP5

(1) 先生は本を読んでいらっしゃいます。
(2) 先生はどんな音楽を聞かれますか。
(3) お荷物をお持ちしましょうか。
(4) この本をお貸ししましょうか。

UNIT 44

STEP4

❶ (1) 金さんは毎日夫に料理を作らせたり、掃除をさせたりします。
(2) 必ず子供に朝ご飯を食べさせています。
(3) ケータイの利用は禁止されています。
(4) 雨に降られて、風邪を引いてしまいました。
(5) 社員は社長に日曜日も働かせられました。
(6) 先生は明日学校へ来られますか。
(7) いつ韓国にお帰りになりますか。
(8) 先生、私がかばんをお持ちします。

❷ (1) 김 씨는 매일 남편에게 요리를 만들게 하거나, 청소를 시키거나 합니다.
(2) 반드시 아이에게 아침밥을 먹게 하고 있습니다.
(3) 휴대전화의 이용은 금지되어 있습니다.
(4) 비가 와서 감기에 걸려버렸습니다.
(5) 사원은 (사장이 시켜서 억지로) 일요일도 일했습니다.
(6) 선생님은 내일 학교에 오십니까?
(7) 언제 한국에 돌아가십니까?
(8) 선생님, 제가 가방을 들어 드리겠습니다.